एक दिव्य-शक्ति हमारे समीप

श्री श्री आनन्दमयी माँ
की दिव्य लीला कथा

आचार्य मंगलानंद
अनुवादिका श्रीमती निर्मलासिंह

YogiImpressions®

A GODDESS AMONG US
(in Hindi)
First published in India in 2007 by
Yogi Impressions LLP
1711, Centre 1, World Trade Centre,
Cuffe Parade, Mumbai 400 005, India.
Website: www.yogiimpressions.com

Cover concept and design by Shiv Sharma
Photos courtesy: Richard Lannoy and Ashram Archives

First Edition: June 2007
Revised Edition: April 2009

First Hindi printing: October 2014
Fourth reprint: February 2023
ISBN 978-93-82742-24-1

Printed at: Manipal Technologies Limited

"जो मुझे जानता है,
मैं उससे एकाकार हो गई हूँ
जो मुझे जानना चाहता है,
मैं उसके बहुत समीप हूँ
तथा जो मुझे नहीं जानता,
मैं उसके सम्मुख भिक्षुक हूँ।"

– आनन्दमयी माँ

अनुक्रमणिका

प्राक्कथन

आनन्दमयी माँ कौन है और हम उनके बारे में कैसे लिख सकते हैं?

मैं लगातार छः वर्षों तक (1976-1982) माँ के साथ रहा। इस पूरी अवधि में मैंने एक क्षण के लिए भी माँ को एक साधारण मनुष्य के रूप में नहीं देखा लेकिन उनकी छवि में मैंने हमेशा एक संपूर्ण और आदर्श दिव्य स्वरूप के दर्शन किए। श्री श्री माँ ने स्वयं अपना परिचय उनके अवसरों पर 'पूर्णब्रह्मनारायण' और 'जो कहो वही' कहकर दिया है।

माँ के एक अमेरिकन शिष्य, स्वामी मंगलानंद ने भारत में हमारे आश्रम में अनेक वर्ष निवास किया है। उन्होंने माँ के जीवन से सम्बन्धित घटनाओं का संक्षिप्त विवरण इस पठनीय पुस्तक के रुप में लिखकर एक अमूल्य सेवा का कार्य किया है।

माँ का आध्यात्मिक संदेश है कि: 'सब एक है, हम इस धरती पर परस्पर झगड़ने हेतु एकत्रित नहीं हुये हैं, अपितु अपने जीवन का सर्वोत्तम उपयोग-सत्यानुभूति हेतु आये हैं।'

इस पुस्तक के पृष्ठों के पढ़ने पर आप स्वयं से भिन्न किसी ऐतिहासिक पात्र के विषय में नहीं पढेंगे अपितु आप वस्तुतः अपने स्वयं के अन्तस् की गहराईयों की खोज प्रारम्भ कर चुके होंगे। पुस्तक की समाप्ति पर आप निश्चित ही अपने हृदय की अन्तरतम गहराईयों से उठती हुई माँ से एक हो जाने की एक अपूर्व लालसा का अनुभव करेंगे। यह आपको अपने वास्तविक लक्ष्य की ओर ले जायेगी तथा आपकी विकास प्रक्रिया के उद्देश्य की परिपूर्णता के पथ को प्रकाशित करने वाली ज्योति का कार्य करेगी। अन्त में दृष्ट होगा कि पथ, पुरुषार्थ व लक्ष्य सभी कुछ दिव्य परमात्मस्वरुपता माँ ही है, उनसे भिन्न कुछ नहीं है।

जय माँ!

– स्वामी केदारनाथ
माता आनन्दमयी तपो भूमि,
ओंकारेश्वर,
मध्यप्रदेश, भारत

आमुख

आनन्दमयी माँ के जीवन व उपदेशों को लेकर अनेक प्रामाणिक एवं उत्कृष्ट रुप से लिखित पुस्तकें उपलब्ध है। किन्तु वर्तमान में अधिकतर पुस्तकों का आकार कुछ वृहद् है, तथा उनकी उपलब्धि भी सीमित स्थानों पर ही है।

माँ के जीवन के प्रमुख बिन्दुओं, व चयनित चित्रों सहित एक संक्षिप्त जीवनी का अभाव, अनुभव किया जा रहा था। ऐसी पुस्तक जिसकी भेंट राशि मध्यम हो, पढ़ने में सुलभ हो तथा वितरण विस्तृत हो व पाठकों को आनन्दमयी माँ के जीवन से परिचित कराने में सहायक बने। अधिक विस्तार से जानने के इच्छुक साधकों के लिए प्रचलित साहित्य उपलब्ध हैं। आशा है हमारे आश्रम के साधकों के आग्रह पर विशेष रूप से लिखी गई यह संक्षिप्त जीवनी इस कमी को पूर्ण करेगी।

न्यूनाधिक मात्रा में लगभग सभी जीवनियाँ व्यक्तिपरक विचारों को दर्शाती है, यह पुस्तक भी निश्चित ही इसका अपवाद नहीं है। इसका आशय संदर्भ ग्रन्थ के रुप में प्रस्तुत करना नहीं है, अपितु एक दिव्य प्रेरणात्मक व चिरस्मरणीय जीवन का अनौपचारिक सहज परिचय मात्र है।

यद्यपि आनन्दमयी माँ की जीवन लीला अलौकिक एवं अद्‌भुत घटनाओं से परिपूर्ण है, किन्तु यह गाथा पीढ़ी दर पीढ़ी लोक कथाओं के रुप में प्रचलित किसी विगतकालीन काल्पनिक पात्र की कथा नहीं है। इस लेखक सहित आज भी अनेक भक्त हैं जो माँ के जीवन वृतान्त में उल्लेखित घटनाओं के साक्षी रहे है। अधिकतर घटनायें मित्रों सम्बन्धियों व अन्यों के अनुभव से ली गई है। जिन व्यक्तियों को माँ के सान्निध्य का सौभाग्य प्राप्त हुआ है, वे आगामी पीढ़ीयों हेतु माँ की स्मृति को जागृत रखते हुये माँ के उपदेशों को प्रसंगोचित बनाये रखने का निरन्तर प्रयास करते रहें जिससे हमारे मध्य प्रकट प्रवाह हुआ वह अद्वितीय अस्तित्व मानव जाति को प्रभावित कर उसके उत्थान में सहायक बने।

– आचार्य मंगलानंद
माता आनन्दमयी तपोभूमि,
ओंकारेश्वर,
मध्यप्रदेश, भारत

प्रस्तावना

मानवता के इतिहास में, इस जगत से अन्धकार को दूर कर आध्यात्मिक प्रकाश फैलाने, महान साधु-सन्तों का पदार्पण होता रहा है। भारतवर्ष में ऐसी मान्यता है कि समय-समय पर अशुभ पर शुभ की विजय हेतु तथा मानवमात्र को सत्य का मार्ग दिखलाने के लिए दिव्य शक्तियों का प्राकट्य अथवा अवतार होता है।

अनेक अवसरों पर आनन्दमयी माँ से प्रश्न किया जाता रहा, "आप कौन है?" माँ इस प्रश्न का उत्तर भिन्न-भिन्न अवसरों पर विभिन्न रुपों से देतीं। एक अवसर पर माँ ने अपने एक निकटस्थ भक्त से कहा, *"मैं सभी जिज्ञासुओं की पवित्र आकांक्षाओं का व्यक्त रुप हूं। तुमने इस शरीर को चाहा, इसी से यह तुम्हारे मध्य है।"* इस परिभाषा से हम पाते हैं कि माँ का अवतरण हम सभी के लिये हुआ है। माँ उन सभी की है जिनके हृदय में दिव्यता को पाने की तीव्र लालसा है। माँ के जीवन के सम्बन्ध में जानना व उसका अध्ययन करना अत्यन्त सार्थक व महत्वपूर्ण है।

माँ प्रायः कहती कि उनका जन्म अन्य जीवों की भांति कर्मफलावशत् नही हुआ है। हम अपने कर्म से बंधे होने के कारण अपना प्रारब्ध भोगने

को बाध्य है। माँ पूर्णतः 'मुक्त' थी, तथा उनका प्रत्येक शब्द व कार्य इस मुक्तता एवं दिव्यता की अभिव्यक्ति था अतः माँ के जीवन की छोटी से छोटी घटना सदाचरण की सीख देती है। जिन्होंने भी माँ का दर्शन किया है, उन सभी ने अनुभव किया है कि माँ की प्रत्येक दैहिक चेष्टा एक रमणीय लालित्य की दिव्य अभिव्यक्ति थी।

माँ प्रायः कहती कि उनकी प्रत्येक चेष्टा हम सबके लिये है। संसार के मंच पर खेली गई यह लीला माँ से युक्त हुये भक्तों के लिये ही हुई। माँ सभी आध्यात्मिक शक्तियों व कृपा का भण्डार थी तथा उन्हें जानने वाले व उनका स्मरण करने वालों के लिये आज भी है।

माँ ने ऐसा भी कहा है कि जब तक माँ किसी का स्मरण न करें वह व्यक्ति माँ का चिन्तन नहीं कर सकता। अतः माँ के जीवन के विषय में जानने अथवा माँ की दिव्य जीवन लीला का चिन्तन करने से हम माँ के सद्‌गुणों से एकरस होकर अपने जीवन के उत्थान की ओर अग्रसर होते हैं। हम जितना अधिक माँ के जीवन व उपदेशों के विषय में जानेंगे, वह शाश्वत अस्तित्व उतना ही हमारे भीतर प्रवेश करेगा तथा उनकी वाणी निरन्तर आज के इस कठिन समय में हमारे जीवन का मार्गदर्शन करती रहेगी।

आनन्दमयी का युवा रूप – निर्मला सुंदरी देवी

दिव्य शिशु

सन् 1896 दिनांक 30 अप्रेल के शुभ दिवस, पूर्वी बंगाल (वर्तमान बांग्लादेश) के त्रिपुरा जिला ग्राम खेवड़ा में एक अतीव सुन्दरी कन्या का जन्म हुआ। आपकी वंश परम्परा का मूल स्रोत भगवान विष्णु के परम अनुयायी कश्यप ऋषि से निसृत हुआ है।

अत्यन्त सरल, सदाचारी एवं धर्मावलम्बी स्वभाव की प्रतिमूर्ति उनकी माता मोक्षदा सुन्दरी देवी की कालान्तर में अपनी इस अद्भुत् कन्या रत्न के 'माँ' के रूप के उद्गव में प्रमुख भूमिका रही थी। तद्नन्तर सभी लोग उन्हें स्नेहवशात् "दीदी माँ" नाम से सम्बोधित करते थे। बालिका के जन्म से पूर्व दीदी माँ को अनेक देवी-देवताओं के दर्शन होते थे तथा एक दिन एक देवी मूर्ति मानो अपूर्व ज्योति चक्र के रूप में घूमते-घूमते उनके शरीर में प्रविष्ट हो गई थी।

बालिका के पिता श्री विपिन बिहारी भट्टाचार्य के व्यक्तित्व की प्रमुख विशेषता उनका आध्यात्मिक रूझान एवं तीव्र सांसारिक वैराग्य था। उनका अधिकतर समय विभिन्न स्थानों का भ्रमण करते हुये मधुर भगवन्नाम-संकीर्तन में व्यतीत होता था। कई बार वह महीनों गायब रहते और भिक्षुक की तरह जीवन यापन करते हुए आध्यात्मिक अभ्यास में लगे रहते।

बालिका का नामकरण 'निर्मला सुन्दरी देवी' किया गया जिसका अर्थ त्रुटिहीन सौंदर्य की देवी है। माँ ने अनेक अवसरों पर कहा है *"मैं जैसी जन्म के समय थी, वैसी ही बाल्यकाल में थी तथा वैसी ही आज भी हूँ।"* दीदी माँ बताती हैं कि जन्म के समय सामान्य शिशु की भाँति रूदन न करते हुये बालिका का मुखमण्डल शान्त, सजग एवं ज्योतिर्मय था। तत्पश्चात् जन्म के समय उपस्थित व्यक्तियों का तथा शैशवकाल में घटित विभिन्न घटनाओं का उल्लेख कर वे सभी को चकित कर देती थी।

शिशु की अलौकिकता का प्रथम आभास माता को प्रारम्भिक काल में ही हो गया था। एक दिन 'निर्मला सुन्दरी' पालने में सो रही थी। दीदी माँ अपने गृह कार्य में संलग्न थीं, तभी उन्हें एक प्रदीप्त मुख मण्डल एवं जटाजूटधारी सन्त पुरूष, करबद्ध मुद्रा में शिशु के समीप खड़े दृष्ट हुए। उन्होंने माता को सम्बोधित करते हुये कहा – "यह सामान्य बालिका नहीं है। इन्हें सामान्य जीवन के नियमों में सीमाबद्ध करना भी सम्भव नहीं होगा। यह अन्य कोई नहीं अपितु सम्पूर्ण जगत की माँ है।" शिशु को आशीर्वाद प्रदान कर वे चले गये। उनका अनुगमन करने पर दीदी माँ ने पाया कि वे तत्क्षण अदृश्य हो गये थे।

वयस वर्धन के साथ-साथ बालिका का अत्यन्त स्नेही तथा मृदु स्वभाव प्रकट होने लगा तथा बाल्यकाल से ही उसमें एक प्रमुख विशिष्टता दृष्टिगोचर हुई – बालिका की स्वयं की कोई इच्छा कदापि नहीं होती थी, न ही कोई कार्य सम्पादन स्वयं के लिए होता था। वह तो एक चिर संतुष्ट एवं अलौकिक आनन्द में ही विचरती थी। उनके सभी क्रिया-कलाप एवं गमनागमन सदैव अन्य की कामना एवं अपेक्षापूर्ति से प्रेरित होते थे। धर्म, समाज तथा जातिगत मान्यताओं से परे निर्मला अपने गाँव में सभी की दुलारी थी तथा हर समय सभी की सेवा व सहायता हेतु तत्पर रहती थी।

उनकी निकटतम सहचरी थी उनकी दादी माँ जिन्हें स्नेहवशात् 'ठाकुर माँ' नाम से सम्बोधित किया जाता था। नन्हीं बालिका यदा-कदा अपनी इन वयोवृद्ध दादी माँ द्वारा उच्चारित संस्कृत के श्लोकों की परिशुद्धता में विद्वतापूर्ण संशोधन कर उन्हें चमत्कृत कर देती थी। एक अवसर पर उन्होंने 'ठाकुर माँ' के समक्ष पूजा-पद्धति से सम्बन्धित जटिल मुद्रायें विशुद्ध रूप से प्रस्तुत करके भी उन्हें आश्चर्यचकित कर दिया था।

एक अन्य अवसर पर खेल-खेल में, अनायास निर्मला की तीक्ष्ण प्रखर दृष्टि ठाकुर माँ पर केन्द्रित होते ही वे गहन समाधि में प्रवेश कर गई थीं। चार वर्ष की आयु में माता के संग कीर्तन में गई बालिका नाम संकीर्तन श्रवण करने पर गहन आन्तरिक भाव में इतनी निमग्न हो गईं कि उनके नेत्रों से अविरल अश्रुधारा प्रवाहित होने लगी।

असाधारण कन्या

हर समय प्रसन्नचित्त तथा मधुर स्मित की आभा लिए तथा वृक्ष-वनस्पति, लताओं, सूर्य किरणों एवं स्वच्छ वायु के झोकों को प्रिय सहचर के रूप में रखते हुए, नन्हीं निर्मला ने कन्यारूप में प्रवेश किया।

शीतोष्ण, वर्षा एवं अन्य प्राकृतिक तीव्रताओं से अप्रभावित वह सूर्य की तपन में हँसते-गाते प्रकृति से एकरूप हो सहज रूप से विचरती, अनेक अवसरों पर उसे पशु-पक्षी, लताओं, पौधों एवं केवल उसे ही दिखायी देते प्राणियों से वार्तालाप करते हुए भी देखा गया।

बाल्यकाल में एक अवसर पर अपनी सखियों के संग वन मार्ग पर भ्रमण करते समय गौओं का एक समूह उनके सम्मुख आ गया। अन्य सभी सखियाँ भयभीत हो पर्वत पर चढ़ गई किन्तु उन्होंने साश्चर्य देखा कि सभी गौएँ नन्हीं निर्मला को घेर कर स्नेहपूर्वक दुलार रही थी तथा अपने मस्तक से उसके चरण स्पर्श कर रही थी।

बालिका में प्रायः दृष्ट होने वाली अमनस्कता तथा गहन भावावस्था को देखकर दीदी माँ सशंकित हो उठती कि कहीं उनकी पुत्री मन्दबुद्धि

तो नहीं है। प्रारम्भ में उन्हें भान नहीं हुआ कि यह किसी मानसिक रोग के लक्षण नहीं हैं अपितु यौगिक समाधि की उच्चतर अवस्था का निदर्शन है।

भोजन करते-करते कभी-कभी निर्मला का हाथ कुछ क्षणों के लिए मध्य में स्थिर हो जाता और वह आकाश की ओर एकटक दृष्टि से निहारती रहती थी। अनेक वर्ष पश्चात् दीदी माँ द्वारा इस सम्बन्ध में प्रश्न करने पर माँ ने प्रत्युत्तर में हँसते हुए कहा कि वे तो अन्तःदृष्टि से आकाश में विचरण करते देवी-देवताओं को देखती रहती थी।

निर्मला ने मानव जीवन के प्रत्येक चरण की अवस्था के अनुरूप धर्म को उत्कृष्ट एवं परिपूर्णरूपेण प्रकट किया था। बाल्यावस्था में मधुर, निःस्वार्थ एवं ह्रदय की सरलता का भाव, किशोरावस्था में प्रवेश करने पर अन्य सभी सद्‌गुण यथा – सत्यपालन, माता-पिता, गुरु की आज्ञा का उल्लंघन कदापि नहीं करना, स्वभाव में निष्कपटता इत्यादि सभी जीवनमूल्य समयानुसार व्यक्त होते रहे।

एक अवसर पर वह सम्बन्धियों के संग निकटवर्ती ग्राम में गई थी। उसे मन्दिर के समीप ठहरने का आदेश देकर सभी महिलाऐं स्थानीय बाजार में चली गई। अनुमानित समय से अधिक व्यतीत होने पर एकाएक उन्हें निर्मला का स्मरण आया। उनका अनुमान था कि बालिका अवश्य ही इधर-उधर चली गई होगी। किन्तु शीघ्रता से लौटने पर उन्होंने देखा कि नन्हीं निर्मला आज्ञा का पालन करते हुए, इतने घण्टे बीत जाने पर भी वहीं जस-की-तस बैठी हुई थी।

निर्मला सभी धर्मो के क्रिया-कलापों के प्रति आकर्षित होती थी। हिन्दू और मुसलमान सभी ग्रामवासियों को वह समान रूप से प्रिय थी। एक समय गाँव के निकट लगे ईसाई कैम्प में उनकी ईश-स्तुति सुनने निर्मला रात्रि में अकेली चली गई थी। संध्या का समय निर्मला अधिकतर अपने पिता के संग भगवन्नाम संकीर्तन में व्यतीत करती थी।

सरल, सहज बालिका अनेक अवसरों पर अपने अंतर्ज्ञान से अपने सहचरों एवं ज्येष्ठजन को अचम्भित कर देती थी। एक दिन खेल-खेल में निर्मला ने गीली बालू से एक सुन्दर गोलाकार वृत्त बनाया और सबको दिखाते हुये कहने लगी – *"जिस प्रकार शालिग्राम में नारायण विद्यमान हैं, उसी प्रकार इसमें मैं दैवीय तथा अन्य सभी स्वरूपों को देख रही हूँ। सब एक में है तथा वही एक सब में है।"* इतना कहकर बालू के गोले को बिखेरकर हँसते हुए फिर खेलने लगी।

इसी प्रकार खेल के मध्य अकस्मात् वे शान्त, स्थिर एवं अन्तर्मुखी हो जाती, मुखमण्डल एक त्वरित आभा से आलोकित हो उठता। प्रत्यक्षदर्शियों को लगता मानो आकाश में बिजली कौंधी हो। इस प्रकार की अवस्था होने पर कदाचित् कभी-कभी उनके मुख से विशुद्ध संस्कृत में मन्त्र प्रस्फुटित होने लगते थे।

बालिका निर्मला ने विद्याध्ययन के साथ-साथ एक भारतीय कन्या हेतु शोभनीय सभी गृह कार्यों में दक्षता प्राप्त कर ली थी। सिलाई एवं पाक-कला में भी वह अत्यन्त निपुण थी। स्वभाव से मृदु एवं सरल होने पर भी उनके ज्येष्ठजन को स्पष्ट आभास हो गया था कि उनकी कन्या विशिष्ट शक्तिरूपा है, जिसके साथ खिलवाड़ करना उचित नहीं होगा।

एक दिन जब उसे बर्तन में दही भर कर रसोई में लाने के लिए कहा गया तो उसने आज्ञापारिता करते हुए बर्तन को इस तरह पूरा भर दिया कि उसमें उपर तक जरा सी भी जगह खाली नहीं बची। उसे डाँटते हुए कहा गया, "नासमझ लड़की, आज तुम्हें ज़रा भी दही नहीं मिलेगी।" ये शब्द उच्चारित होते ही कमरे के बाहर रखा बर्तन टूट गया और सारा दही फर्श पर गिर गया।

निर्मला अपने माता-पिता बिपिन भट्टाचार्य और मोक्षदा देवी के साथ

नववधू: तेरह वर्ष की आयु में

प्रचलित प्रथानुसार निर्मला के विवाह की व्यवस्था अल्प वयस में कर दी गई थी। निकटस्थ आटपाड़ा ग्राम के निवासी, एक ब्राह्मण पुत्र को योग्य वर के रूप में चयनित किया गया तथा सभी आवश्यक व्यावहारिक औपचारिकतायें पूर्ण करने के पश्चात् विवाह संस्कार हेतु तिथि निर्धारित की गई। फरवरी सन् 1909 के शुभ दिवस तेरह वर्षीय निर्मला सुन्दरी का पाणिग्रहण संस्कार श्री रमणी मोहन चक्रवर्ती के संग सम्पन्न हुआ। पुलिस बल में कार्यरत् वर व कन्या की आयु में अन्तर कुछ अधिक था।

विवाह सम्बन्धी सभी धार्मिक विधियों के पूर्ण हो जाने के पश्चात् कन्या अपने माता-पिता के संरक्षण में पुनः अपने गाँव लौट गई। लगभग दो वर्ष व्यतीत हो जाने पर निर्मला को ससुराल भेजा गया। रमणी मोहन का तबादला अन्य स्थान पर होने से नववधू को पति के परिवार के निवास स्थान पर उनके साथ रहने के लिए भेजा गया।

इस नूतन परिवेश में निर्मला ने अपना व्यवहार व आचरण अत्यन्त उत्कृष्ट एवं शालीनता से प्रदर्शित किया। वे एक आदर्श गृहिणी की प्रतिमूर्ति के रूप में ढल गई, मुख पर अधिकतर घूँघट का आवरण

तथा सभी के प्रति विनम्र एवं आदर-सम्मान का भाव रखती। इस शिष्ट मर्यादित वधू ने अपने स्वभाव माधुर्य से शीघ्र ही समस्त परिवार का मन मोह लिया। नव वधू का अधिकतर समय गृहकार्य में व्यतीत होता था। वे प्रत्येक कार्य को इस पूर्णता से निष्पादित करती मानो वे प्रत्येक कार्य में निपुण हो। सतत् गृहकार्य में संलग्न रहने के फलस्वरूप उनके हाथों से रक्तस्राव होने लगता परन्तु प्रसन्नवदना स्वयं के मुख से कभी प्रतिवाद नहीं करती थी किन्तु शीघ्र ही परिवार के सदस्यों को भान हो गया कि उनकी प्रसन्नता हेतु वे अथक प्रयास कर रही थीं।

परिवार के बालक-बालिकायें भी निर्मला से अत्यन्त प्रेम करने लगे तथा उनका आग्रह था कि परिवार की इस नूतन सदस्या को वे किसी अन्य सम्बोधन के स्थान पर 'माँ' कहकर पुकारेंगे। शीघ्र ही नव वधू की पाककला की प्रशंसा भी होने लगी। एक अवसर पर निर्मला को किसी अतिथि हेतु भोजन बनाना था। उन अतिथि को 'मूली' से पूर्णतः अरूचि थी। सारे दिन चेष्टा कर अति सुस्वादु भोजन तैयार किया गया। अतिथि ने तृप्त होकर जब प्रशंसा की तब माँ ने हँसते हुए उन्हें बताया कि सभी व्यंजन, यहाँ तक कि मिष्ठान्न भी 'मूली' से ही बनाए गए थे।

सन् 1914 में अट्ठारह वर्षीय निर्मला को अष्टग्राम से पति श्री रमणी मोहन ने बुलवा भेजा। विदा करते समय दीदी माँ ने अपनी पुत्री को जो सलाह दी वही उनके अद्भुत, दिव्य दाम्पत्य जीवन का मूल मन्त्र बन गई। उन्होंने कहा था "जिस प्रकार अब तक माता-पिता की आज्ञा का सम्मानपूर्वक अनुसरण किया है उसी प्रकार पति को गुरु मान कर उनकी प्रत्येक आज्ञा का पालन करती रहना।"

अभी तक श्री रमणी मोहन का विचार था कि उनका विवाह एक साधारण ग्रामीण कन्या के साथ हुआ है। तथा उन्हें यह भी ज्ञात हो गया था कि उनकी पत्नी अत्यन्त परिश्रमी एवं मधुर स्वभाव वाली है। तदनन्तर निर्मला का साहचर्य होने पर उन्होंने पाया कि उनकी पत्नी एक प्रखर ईश्वरीय अलौकिकता से आच्छादित है। इस अनुभूति के उपरान्त

सामान्य दाम्पत्य जीवन का विचार भी उनके मन मस्तिष्क से विलुप्त हो गया। वास्तव में भाग्य ने जिन पुरूष विशेष को निर्मला सुन्दरी के पति एवं संरक्षक हेतु चयनित किया था, वे स्वयं इस गहन, गम्भीर भूमिका को निभाने हेतु उपयुक्त विलक्षण व्यक्तित्व के धनी थे। बाद के वर्षों में माँ कहती थीं कि उनके पति के सबोध चित्त में शारीरिक स्तर के विचार अथवा इच्छा कभी उदय ही नहीं होते थे। कदाचित् उनके अवचेतन में अनजाने भी यदि माँ को इस प्रकार का भान हो जाता तब माँ तत्क्षण गहन समाधि में प्रवेश कर जाती थी। विचलित होकर माँ को पुनः सामान्य स्थिति में लाने हेतु रमणी मोहन कीर्तन अथवा मन्त्रोच्चारण प्रारम्भ कर देते थे। इससे स्वयं उनके चित्त में भी विचार परिवर्तन हो जाता था। जीवनकाल के उत्तरार्द्ध में श्री रमणी मोहन को प्रत्यक्ष अनुभव हो गया था कि माँ 'अखण्ड ब्रह्मचारिणी' अथवा 'सनातन कुमारी' है।

श्री रमणी मोहन अपनी पत्नी को एक दिव्य बालिका के रूप में देखते थे तथा स्वयं को उनके संरक्षक के रूप में देखते थे। तत्पश्चात् उन्होंने श्री माँ को अपने आध्यात्मिक गुरु का स्थान दिया था। माँ पति के प्रति सदैव प्रेम तथा सम्मान का भाव प्रदर्शित करती थीं तथा पूर्णतः आज्ञाकारिणी पत्नी की भूमिका निभाते हुए प्रत्येक कार्य अथवा यात्रा उनकी अनुमति लेकर ही प्रारम्भ करती थीं। माता-पिता के बाद माँ ने पति को ही गुरु माना। कैसा अद्‌भुत था यह परस्पर गुरु भाव!

माँ का सरल, बालसुलभ स्वभाव देखकर श्री रमणी मोहन प्रायः कहा करते थे "तुम अभी अल्प वयस्क हो। तुम्हारी आयु वृद्धि होने पर तुम्हारी सोच में परिवर्तन हो जायेगा।" पूर्व घटनाओं का वर्णन करते समय माँ हँसते हुए कहती थीं *"लगता है मेरी आयु में वृद्धि हुई ही नहीं।"*

पति के संग जीवन के इस नूतन चरण में प्रवेश करने पर फिर एक बार निर्मला पूर्ण भाव दर्शाते हुए सहज सुगमता से अपने कर्तव्य पालन में रत हो गई। पति की सेवा सदा त्रुटिहीन होती। उनकी प्रत्येक सुख-सुविधा पूर्ति हेतु सदैव तत्परता दर्शाते हुए निपुण, कुशल गृहिणी ने अपनी गृहस्थी सम्हाली।

माँ का रूप लावण्य इस समय चरम पर था। लालित्यपूर्ण छरहरी देहयष्टि, घुटनों के नीचे तक लम्बी घनी श्याम केश राशि तथा दिव्य आध्यात्मिक प्रभा से प्रदीप्त उनका मुखमण्डल जिसके दर्शन मात्र से चित्त में स्वतः श्रद्धा का भाव जागृत हो जाता था। एक अवसर पर नवदम्पति दुर्गा पूजा उत्सव हेतु आमंत्रित किए गए थे। तब तक माँ का अधिक व्यक्तियों से परिचय नहीं हुआ था। रक्तवर्ण, साड़ी धारण किये हुए जैसे ही माँ ने प्रवेश किया वहाँ एकत्रित लोग अचम्भित होकर प्रणाम करते हुए कह उठे "वाह! हमारे मध्य साक्षात् माँ दुर्गा पधारी हैं।"

कुछ ही समय के अन्तराल में वहाँ माँ 'रंगा दीदी' के नाम से जानी जाने लगी थीं। प्रत्यक्षदर्शियों का कथन है कि जब वे नदी तट पर जाती थीं तब उनके अलौकिक तेजोमय रूप से समस्त स्थान मानो आलोकित हो उठता था। ऐसा भी देखा गया है कि जब माँ रात्रि के अंधकार में टहल रही होतीं, तब उनकी देह एक मद्धिम ज्योति से आच्छादित दृष्ट होती थी।

अष्टग्राम प्रवास के समय उनके निकटस्थ पड़ोसी श्री हरकुमार राय निर्मला सुन्दरी को 'माँ' शब्द से सम्बोधित करने वाले प्रथम व्यक्ति थे। वे अत्यन्त धार्मिक प्रवृत्ति के श्रद्धालु पुरुष थे। उन्होंने माँ के हाथ से प्रसाद ग्रहण करने की इच्छा व्यक्त की किन्तु माँ अपने से संबंधित सभी कार्यों में शालीनता के कठोर नियमों का पालन करती थीं अतः यह निवेदन अस्वीकार कर दिया था। पति की अनुमति पाने के पश्चात् ही प्रसाद प्रदान करने हेतु वे सहमत हुईं।

इसी समय श्री हरकुमार राय ने भविष्यवाणी की थी – "अभी केवल मैं आपको 'माँ' कहकर सम्बोधित कर रहा हूँ, किन्तु एक दिन सारा संसार आपको 'माँ' कहेगा।"

'माँ' के दिव्य-अलौकिक स्वरूप का प्रकटीकरण

अष्टग्राम में ही एक कीर्तन आयोजन के मध्य माँ का अलौकिक भाव सर्वप्रथम जनसमूह के समक्ष प्रकट हुआ था। वहाँ पुरुष वर्ग झाँझ-मंजीरे की ताल पर कीर्तन कर रहा था तथा महिला वर्ग कुछ दूर से देख रहा था। एकाएक माँ की देह सूखे पत्ते के सदृश मानो वायु के वेग से घूमते हुए, भूमि का किंचित् स्पर्श-सा करती हुई, कीर्तन मंडली के मध्य जा पहुँची। महाभाव के सभी लक्षण प्रदर्शित करती हुई माँ की दिव्य देह कभी हवा में तैरती होती एवं कभी कीर्तन की ताल पर, भूमि पर लोट-पोट होती तथा इस प्रक्रिया में उनके नेत्र एवं मुखमण्डल एक अलौकिक ज्योति से उद्दीप्त थे। भाव का वेग कुछ शान्त होने पर माँ भूमिस्थ होकर गहन समाधि में प्रवेश कर गईं। लम्बे अन्तराल के पश्चात् माँ को स्वाभाविक स्थिति में लाने हेतु पुनः कीर्तन प्रारम्भ किया गया।

सन् 1918 में श्री रमणी मोहन का तबादला ढाका के निकट बाजितपुर में हो गया। वहाँ उनकी इस्टेट क्लर्क के पद पर नियुक्ति की गई थी। इसी समय माँ की दिव्यलीला के गहन् एवं प्रखर अध्याय का प्रारम्भ हुआ। साधकों के संदर्भ में सम्भवतः इसे अत्यन्त गम्भीर एवं सर्वाधिक महत्वपूर्ण अध्याय कहा जा सकता है।

माँ प्रायः अपने कार्यों के प्रेरणा बिन्दु को इंगित करने के लिए 'ख्याल' शब्द का प्रयोग करती थी। यद्यपि सामान्यतः 'ख्याल' शब्द व्यक्ति की अपनी इच्छा या विचार-प्रवाह को दर्शाता है किन्तु माँ के श्रीमुख से निकले इस शब्द का संकेत एक 'अन्तः दिव्य स्पन्दन' की ओर था जिसकी अभिव्यक्ति वैचारिक अथवा शाब्दिक रूप में होती थी। माँ स्वयं विशुद्ध चैतन्य स्वरूपा थीं। अतः उनके स्वरूप में चेतन और अवचेतन अनुकूलता नहीं है। एक दिव्य शक्ति एवं दिव्य प्रेरणा ही माँ के अन्तर्मन (चेतना) में तथाकथित "विचार" के रूप में व्यक्त होती थी तथा वह ही माँ की वाणी एवं सभी क्रियाकलापों को प्रेरित करती थी।

इस दिव्य लीला के अगले चरण के विषय में माँ कहती हैं: एक दिन प्रातः सरोवर में स्नान करते-करते मानस में एक 'ख्याल' उदित हुआ – *'यदि एक साधक की लीला की जाये तो कैसा रहे?'* माँ उस स्थिति का वर्णन करते हुये कहती हैं कि उस अन्तः वैचारिक स्पन्दन के प्रकट होने के साथ ही जन्म से ही अन्तर्निहित उस परम ज्ञान को मानो एक क्षीण आवरण ने ढँक दिया। उस आवरण की भेदनक्रिया को उजागर करने हेतु ही यह घटना घटित हुई थी।

इस प्रकार साधना की यह प्रखर लीला प्रारम्भ हुई जो आगामी छः वर्ष पर्यन्त सतत् चलती रही। अन्य अवस्थाओं की भाँति यह अवस्था भी माँ के निज संकल्प से सम्पादित नहीं हुई अपितु सभी कुछ स्वतः निर्बाध रूप से घटित होता चला गया।

नित्य प्रति माँ गृह कार्य से निवृत्त होकर तथा पतिदेव की अनुमति प्राप्त कर संध्या के समय साधना हेतु बैठ जाती थी। अपने शयन कक्ष में नियत स्थान को स्वयं स्वच्छ कर वहाँ धूप बत्ती प्रज्वलित करती तथा शान्त भाव से योग साधना में बैठ जाती, तत्पश्चात् हरि नाम स्मरण करते-करते गहन समाधि में प्रवेश कर जाती थी। माँ की देह पर स्वतः प्रकट यौगिक-क्रियाओं को जिज्ञासावशात् निहारते-निहारते उनके पति निद्रामग्न हो जाते थे। एक अवसर पर उन्होंने माँ से

कहा "हम शाक्त हैं फिर तुम हरि नाम का जप क्यों करती हो?" प्रत्युत्तर में माँ ने प्रश्न किया *"फिर क्या मैं 'जय शिव शंकर' का जप करूँ?"* पति की सहमति पाकर माँ शंकर का जप करने लगी। नाम परिवर्तन होने पर भी यौगिक क्रियाएँ यथावत् प्रकट होती रही – इससे यह स्पष्ट होता है कि भगवान् का नाम कोई भी हो, सभी दिव्य हैं और वे समान रूप से प्रभावी होते हैं।

बाद के वर्षों में माँ ने कहा है कि यदि साधक निरन्तर साधना में संलग्न रहे तब उसकी आध्यात्मिक प्रगति हेतु उपयुक्त परिस्थितियाँ उपयुक्त समय पर निश्चित ही प्रस्तुत हो जाती है। माँ ऐसा भी कहती हैं कि यदि साधक अपनी मनःस्थिति के अनुकूल दिव्य नाम का निष्ठापूर्वक सतत् जप करता है तब उसके फलस्वरूप इष्टदेवता कृपापूर्वक उसकी साधना में सहायक होते हैं। इस नियम का ज्वलन्त उदाहरण माँ ने स्वयं प्रस्तुत किया है।

माँ की साधना-लीला का प्रारम्भ शिव-नाम जप से हुआ था। इस जप साधना के फलस्वरूप गहन गम्भीर अवस्थााओं के प्रादुर्भाव का वर्णन करते हुए माँ ने बताया है कि किस प्रकार जप का प्राण से योग हुआ और उसके फलस्वरूप किस प्रकार चेतना में अनेक परिवर्तन स्वतः होते रहे। उपयुक्त समय पर इस साधना में सहायक आसन एवं मुद्रादि अन्य विविध यौगिक-क्रियाएँ भी माँ की देह में प्रकट होती रहीं।

बाजितपुर में आनन्दमयी अपने प्रारंभिक वर्षों के दौरान

आनन्दमयी अपने पति रमनी मोहन चक्रवर्ती के साथ

माँ द्वारा स्वयं की स्वयं से दीक्षा

माँ कहती हैं कि साधक के लिये जब उपयुक्त समय होगा तब उसकी साधना को अग्रसर करने हेतु आवश्यक ज्ञान एवं मार्गदर्शन प्रदान करने गुरु अपने आप प्रगट हो जायेंगे। माँ निश्चित रूप से कहती है कि यद्यपि गुरु बाह्य जगत में भिन्न-भिन्न स्वरूप में प्रकट होते हैं किन्तु गुरु केवल एक है और वह है स्वयं ईश्वर, जो प्रत्येक हृदय में स्थित अंतर्यामी है। इन बिन्दुओं को दर्शाते हुए सभी कुछ सहज ही माँ के भीतर से व्यक्त हो गया था। लगभग दो वर्ष की गहन नाम साधना के पश्चात् माँ की गुरुदीक्षा अद्वितीय ढंग से सम्पन्न हुई।

3 अगस्त सन् 1922, राखी पूर्णिमा को रात्रि की मंगल बेला में माँ जिस स्थान पर विराजित थीं, वहीं भूमि पर सहज ही एक यन्त्र रेखांकित किया गया। तद्नन्तर नैसर्गिक रूप से गुरु-दीक्षा के सभी चरण शास्त्रोक्त पद्धति से क्रमशः प्रकट होते गये। बाद में माँ ने बताया कि उस समय सभी आवश्यक वस्तुएँ यथा पूजन हेतु अनिवार्य पात्र, पूजन सामग्री इत्यादि सूक्ष्म रूप से माँ के भीतर से ही उपलब्ध हो गए थे। तत्पश्चात् स्वयं गुरु भी रहस्यमय रूप से उनके भीतर से ही प्रकट होकर मन्त्र एवं शक्तिपात दीक्षा प्रदान कर पुनः भीतर समाहित हो गए थे। प्रातः श्री रमणी मोहन ने देखा कि प्राप्त दीक्षा के निर्देशानुरूप माँ कर-माला से जप कर रही थीं।

इस घटना के पश्चात् उनकी साधना अत्यन्त तीव्र हो गई। माँ कहती है कि यद्यपि उन्होंने उस समय घटनाक्रम का लगभग सम्पूर्ण वर्णन किया था किन्तु उसका किंचित् मात्र 1/1000 अंश ही ज्ञात कराया जा सका है। श्री माँ ने न केवल हिन्दू धर्म अपितु मानव जाति द्वारा ज्ञात प्रत्येक धार्मिक परम्पराओं एवं सम्भाव्य साधनाओं को सहज ही व्यक्त किया था। सामान्य साधकों को जिन साधनाओं की पूर्ण स्थिति की प्राप्ति में अनेक जन्म लग जाते हैं, माँ की दिव्य देह में वे कुछ क्षणों में ही प्रकट होकर पूर्णता को प्राप्त हो जाती थी। बाद के वर्षों में जब देश-विदेश से लगभग प्रत्येक धार्मिक पृष्ठभूमि एवं वंश-परम्पराओं के जिज्ञासु माँ के समक्ष मार्गदर्शन हेतु उपस्थित होने लगे, तब माँ तत्क्षण उनकी साधना तथा उसकी सूक्ष्मता को जान जातीं तथा उसी के अनुरूप क्रिया के सही सम्पादन हेतु विस्तृत निर्देश प्रदान कर देती थी।

माँ कहती हैं *"जो भी घटित हुआ वह सब तुम सभी के लिए ही तो था।"* इस प्रकार हम कह सकते है कि माँ के रूप में हमें प्रत्येक साधना तथा 'साधना शक्ति' का मूर्त रूप प्राप्त हुआ है। माँ ने कहा है, 'ईश्वरोन्मुख सभी पथ उनके पथ है।' माँ के निकट प्रत्येक सत्यनिष्ठ् जिज्ञासुओं को संरक्षण प्राप्त हुआ है।

इन्हीं दिनों एक महत्वपूर्ण घटना घटित हुई, जिसमें हम माँ को प्रथम बार अपना दैवीय परिचय प्रदान करते हुए पाते हैं। श्री माँ को उनके कक्ष में यौगिक क्रियाओं में रत देखकर दो आगन्तुक सम्बन्धियों ने श्री रमणी मोहन से माँ के असामान्य आचरण के सम्बन्ध में प्रश्न किया तथा माँ के समक्ष भी उलाहने भरे स्वर में कहा कि इस प्रकार की साधना-क्रियाओं हेतु गुरु से दीक्षित होना आवश्यक है। माँ का उत्तर था कि उनकी दीक्षा हो चुकी है। इस पर उन्होंने पुनः प्रश्न किया कि "क्या आपके पति की भी दीक्षा हुई है?" माँ ने कहा "अभी नहीं हुई, किन्तु अमुक तिथि एवं मूहूर्त में होगी।"

तत्पश्चात् उन अतिथियों द्वारा इस असाधारण आचरण के प्रति कठोर भर्त्सना पूर्ण शब्द सुनकर माँ का मुखमण्डल अनायास ही एक अपूर्व शक्ति तथा तेजोमय भाव से उद्दीप्त हो उठा। विस्मित् हो वे कुछ पीछे हट गए तथा प्रश्न किया "आप स्पष्ट रूप से बताए कि आप है कौन?" माँ ने कहा *"मैं महादेव तथा महादेवी दोनों हूँ।"* आगे पूछे जाने पर माँ ने कहा "पूर्ण ब्रह्मनारायण।" माँ से इस शक्ति का प्रत्यक्ष प्रदर्शन करने हेतु निवेदन करने पर माँ ने श्री रमणी मोहन को समीप बुलाकर अपने हाथ से उनके मस्तक का स्पर्श किया जिससे वे तुरन्त यौगिक समाधि की गंभीर अवस्था में प्रवेश कर गये। पुनः सामान्यावस्था में अवस्थित किए जाने पर उन्होंने कहा कि समाधि की उक्त अवस्था में वे परमानन्द का अनुभव कर रहे थे जो अवर्णनीय है। ये सभी तथ्य अनेक वर्षों तक परिवार के मध्य गुप्त रखे गए थे तथा कुछ समय पश्चात् सहज ही अभिव्यक्त हो गए थे।

जनवरी 1923 में माँ द्वारा की गई दीक्षा-तिथि की भविष्यवाणी की परीक्षा हेतु श्री रमणी मोहन नियमित समय से पूर्व ही दफ्तर चले गये। माँ को ज्ञात था कि उस दिन उनके पति ने प्रातः स्वल्पाहार नहीं किया था। इस प्रकार शिष्य के द्वारा दीक्षा के पूर्व निराहार रहने के नियम का पालन अनजाने में ही हो गया था। माँ ने उन्हें संदेश भेजा कि वे शीघ्र घर लौट आवें अन्यथा उन्हें लिवाने माँ स्वयं दफ्तर आ जायेगी। कोई विकट समस्या के उपस्थित हो जाने की आशंका से वे घर आ गए। वहाँ पहुँचने पर उन्होंने देखा कि दीक्षा की सभी व्यवस्थाऐं हो चुकी हैं। माँ ने स्वच्छ तौलिया देते हुए उन्हें यथा शीघ्र स्नान कर आने को कहा। इस बीच माँ के श्री मुख से शक्तिपात् का सम्पूर्ण पद्धति-क्रम एवं निर्देश स्वतः प्रस्फुटित होने लगे और इसी क्रम में दीक्षामंत्र प्रकट हुआ जिसे रमणीय मोहन ने श्रद्धा से धारण किया। प्रदत्त दिव्य मन्त्र का जप करते-करते रमणी एकाग्रता एवं आनन्द की अवस्था में स्थित हो गए। प्रारम्भ में यद्यपि अनमने भाव से किन्तु फिर पूर्ण उत्साह से उन्होंने अपने जीवन के आध्यात्मिक चरण में प्रवेश किया। माँ ने उन्हें 'भोलानाथ' नाम प्रदान किया जो कि भगवान शिव के सरल एवं नैसर्गिक स्वभाव का

द्योतक है। जैसे-जैसे माँ की लीला कथा अग्रसर हुई, भोलानाथ जी का व्यक्तित्व भी एक साधारण, धर्मपरायण संसारी के स्थान पर एक महान् साधु, सन्यासी तथा ऋषि में रूपान्तरित होता गया। अन्ततः उन्होंने माँ के समक्ष एकत्रित होने वाले, परिवार सदृश भक्त समूह के लिए मार्गदर्शक पिता का स्थान ग्रहण किया।

छः वर्ष की तीव्र तपस-साधना लीला के प्राकट्य के पश्चात् माँ को सम्पूर्ण जगत, स्वयं का एक व्यापक स्वरूप दृष्टिगत होनें लगा। उस परम सत्य पर पड़ा हुआ स्वगृहित अस्थायी आवरण स्थायी रूप से दो टुकड़ों में विभक्त हो गया। माँ ने पूर्णतः अन्तर्मुखी होकर तीन वर्ष पर्यन्त मौन में प्रवेश कर लिया।

पद्म के अनुरक्त भ्रमर

सन् 1924 का वर्ष श्री श्री माँ के भक्तों एवं अनुयायियों के लिए सम्भवतः सर्वाधिक स्मरणीय एवं विलक्षण था क्योंकि यही समय था जब माँ का दिव्य स्वरूपामृत मानो भ्रमर रूपी भक्त समूह को अपनी ओर आकर्षित करने लगा था।

अपने बालकवृन्द के मध्य माँ का आनन्दमय स्वरूप प्रकट होने लगा था। इसका प्रारम्भ भोलानाथजी तथा श्री माँ के ढाका आगमन से हुआ। वहाँ भोलानाथजी को कोई रोजगार न मिलने पर उन्होंने पुनः गाँव लौट जाने का निर्णय लिया। माँ उस समय मौन में थीं अतः उन्होंने संकेत से इंगित किया कि और तीन दिन वहीं ठहरना चाहिए। इस अवधि के समाप्त होने से पूर्व भोलानाथजी की नियुक्ति ढाका नवाब की विशाल सम्पत्ति 'शाहबाग' के प्रबन्धक के रूप में हो गई। उन्हें 'शाहबाग' की समस्त देखरेख का कार्यभार सौंपा गया। वह एक अत्यन्त सुरम्य एवं गहन वनक्षेत्र था जिसकी परिधि में अनेक उद्यान तथा तालाब भी स्थित थे। उनके निवास हेतु एक छोटे घर की व्यवस्था भी प्रदान की गई थी। माँ मौन थी अतः उनकी देखरेख तथा गृहकार्य संचालन हेतु भोलानाथजी ने अन्य परिवारजन को बुला भेजा। अन्ततः माँ के माता-पिता इस उत्तरदायित्व को निभाने हेतु वहाँ पधार आए। इस प्रकार माँ की लीला के अग्रिम चरण की पृष्ठभूमि सुसज्जित हो गई।

एक दिन प्रातः भोलानाथजी ने देखा कि बाग के द्वार के सामने से प्राणगोपाल मुखर्जी नामक व्यक्ति वर्षा में भीगते हुए जा रहे थे। भोलानाथजी ने उन्हें वर्षा थमने तक भीतर आने का आग्रह किया जिसे उन्होंने कृतज्ञतापूर्वक स्वीकार कर लिया। कुछ ही क्षणों के परस्पर वार्तालाप के पश्चात् उन अपरिचित व्यक्ति के सम्मुख भोलानाथजी ने अपनी प्रिय पत्नी से सम्बन्धित चिन्ताऐं प्रकट करते हुये कहा, "मैं उन्हें समझ नहीं पा रहा हूँ। वे अत्यधिक अंतर्मुखी है, तथा भगवन्नाम श्रवण मात्र से उनकी असाधारण, विस्मयकारी स्थिति हो जाती हैं।" श्री प्राणगोपाल मुखर्जी स्थानीय समाज में उच्च पदस्थ एवं प्रभावशाली व्यक्ति थे तथा स्वभाव से प्रभुप्रेमी एवं सभी आध्यात्मिक पक्षों में रूचि रखते थे। भोलानाथजी के इस कथन को सुनकर उनकी अभिरूचि जाग्रत हुई तथा जिज्ञासावश उन्होंने भोलानाथजी को उनकी पत्नी से मिलवाने का निवेदन किया। उन्हें माँ के सम्मुख ले जाया गया, जो अधिकतर समय अन्तः कक्ष में समाधि में लीन रहती थी। श्री मुखर्जी माँ के दिव्य तेजोमय स्वरूप को देख अभिभूत हो गए तथा बाहर आने पर भोलानाथजी को चिंतित न होने की सलाह दी। उनका मत था कि माँ की स्थिति किसी रोग के फलस्वरूप न होकर उस परम शुद्ध तत्व की अभिव्यक्ति थी।

तदुपरान्त उन्होंने अपने मित्रगण के मध्य इस बात का प्रसार किया कि शाहबाग में एक माताजी निवास करती हैं, जो परम चैतन्य की स्थिति में अवस्थित हैं। शीघ्र ही स्थानीय लोग माँ के दर्शनार्थ नियमित रूप से शाहबाग में आने लगे। माँ अभी भी मौन का पालन कर रही थी, अतः वे लोग आकर माँ के समक्ष केवल शान्त भाव से बैठ जाते थे।

माँ के मौन की अवधि पूर्ण हुई। माँ ने पुनः बातचीत करना प्रारम्भ किया। इस अवधि में भक्तों का एक विशिष्ट समूह माँ के निकट नियमित रूप से आने लगा था। काली पूजा का उत्सव निकट था, अतः उन लोगों ने भोलानाथजी से, जो जन्म एवं प्रवृत्ति दोनों से ब्राह्मण वर्ण के थे, अनुरोध किया कि काली पूजा का आयोजन माँ की सन्निधि में

शाहबाग में किया जाये। भोलानाथजी ने उनका निवेदन स्वीकार कर लिया। उत्सव के दिवस सन्ध्याकाल में सभी ने विनय पूर्वक माँ से पूजा को प्रारम्भ करने का आग्रह किया।

माँ ने काली विग्रह को पुष्प अर्पित करना प्रारम्भ किया किन्तु शीघ्र ही एक गहन भाव में प्रवेश कर देवी स्वरूप से एकाकार हो गईं और स्वयं के सिर पर भी पुष्प अर्पण करने लगीं। सभी दर्शनार्थी श्री माँ के तेजोमय, प्रदीप्त मुखमण्डल को देख अभिभूत हो उठे तथा अनेक व्यक्तियों को माँ काली स्वरूपा ही दिखाई दे रही थी। भविष्य में संभवतः यही घटना माँ द्वारा जनसमुदाय के सम्मुख अपने प्रथम प्रकटन के रूप में स्मरण की जायेगी। भोलानाथजी का स्वभाव अत्यन्त सरल एवं विनम्र था इसी कारण उन्हें शाहबाग में दर्शनार्थियों के इस प्रवाह से आपत्ति नहीं थी अपितु वे स्वयं भी सदैव इस आनन्दोत्सव में उत्साहपूर्वक भाग लेते थे। माँ ने भोलानाथजी को आगाह कर दिया था कि यदि उन्होंने संसार के लिए द्वार एक बार खोल दिये तथा यह जनोत्सव इसी प्रकार चलता रहा तब फिर इस प्रवाह को थामना अथवा पीछे लौटना कदापि सम्भव नहीं होगा।

माँ के पल्लवित-प्रसारित होते इस अलौकिक स्वरूप को सम्पूर्ण मानव जाति के संग सहभाजन करने में उन्हें कोई आपत्ति नहीं थी और इसलिए देखा गया कि वे प्रत्येक नवागन्तुक का अत्यन्त प्रेमपूर्वक स्वागत करते थे।

तीन अतिशेय प्रेमी भक्त

काली पूजा के उपरान्त माँ के यश का चतुर्दिक प्रसार होने लगा तथा भक्तगण विशाल समूहों में माँ के सम्मुख एकत्रित होने लगे। इनमें से अधिकतर जीवन पर्यन्त माँ के अनुयायी बने रहे। तदनन्तर इन्हीं में से तीन विशिष्ट भक्त आगे चलकर माँ के विश्वासपात्र एवं सहचर बने। श्री ज्योतिष चन्द्र राय 'भाईजी' माँ के सर्वोत्कृष्ट अनुयायी के रूप में विख्यात हुये है। सर्वांग रूप से परिपूर्ण सद् गृहस्थ किन्तु पाश्चात्य संस्कृति की ओर रूझान रखने वाले, सुशिक्षित एवं प्रबुद्ध, जिज्ञासु, श्री राय, जिला कृषि मंत्री के सहायक पद पर कार्यरत थे। माँ ने उनके ह्रदय में भक्ति निर्झर स्फुरित करते हुए उन्हें साधना एवं तीव्र मुमुक्षता पूर्ण जीवन की ओर प्रेरित किया तथा उन्होंने भी श्री माँ के इस मार्गदर्शन के प्रति पूर्ण निष्ठा रखते हुए अनुसरण किया।

द्वितीय उल्लेखनीय भक्त हुए, श्री शशांक मोहन मुखर्जी। वे एक प्रतिष्ठित सिविल सर्जन तथा सामाजिक नायक थे। उन्होंने समयान्तर में श्री माँ के प्रति पूर्णतः समर्पित होकर अपना सम्पूर्ण जीवन माँ के सान्निध्य में व्यतीत किया। तृतीय अनुयायी भक्त थीं, श्री मुखर्जी की सुपुत्री सुश्री आदरणी देवी जिनको श्री माँ ने 'गुरुप्रिया देवी' नामकरण किया था।

स्नेहवशात् भक्तगण उन्हें 'दीदी' कहकर सम्बोधित करते थे। सभी भक्तों की प्रिय 'गुरुप्रिया दीदी' आजीवन माँ की अभिन्न सहचरी एवं सेविका रहीं। अनेक वर्ष पर्यन्त वे माँ के सान्निध्य में घटित स्वयं के अनुभव तथा अन्य व्यक्तियों एवं माँ के मध्य हुई परस्पर चर्चाओं को क्रमबद्ध कर नित्य लिखित डायरी में लिपिबद्ध करती रही थीं। इस अमूल्य ग्रन्थ को प्रकाशित करवाने हेतु अत्यधिक आग्रह के फलस्वरूप आज हमारे समक्ष माँ के जीवन तथा दिव्य लीला से सम्बन्धित अमूल्य तथ्य उपलब्ध है।

श्री माँ में ऐसा क्या पाया जो इतनी अधिक संख्या में लोग माँ के प्रति आकर्षित होने लगे तथा जिसके कारण वे उनके ह्रदय पर साम्राज्य करने लगी थीं। इस प्रश्न का यही उत्तर दृष्ट होता है कि उन्हें माँ के स्वरूप में अद्‌भुत मातृत्व एवं गहन तत्वज्ञान का विलक्षण सामंजस्य दिखाई देता था। इस सुकुमार, कोमल, विनयशीला युवती से उन्हें साक्षात् दैवीय ऊर्जा शक्ति तथा तेजस्विता प्राप्त होती थी। साथ ही एक पुराने एवं विश्वस्त मित्र की भाँति माँ प्रत्येक व्यक्ति का ध्यान रखते हुये देखरेख करती थीं। माँ की मधुर मुस्कान सभी को मानो मन्त्रमुग्ध कर देती थी। जिसे भी माँ का दर्शन प्राप्त हुंआ है, वे निश्चित रूप से कह सकते हैं कि उन्हें माँ के गूढ़ सनातन धरातल की गम्भीर अनुभूति के साथ-साथ ऐसी प्रतीति भी हुई है मानो माँ उन्हें चिरकाल से जानती हों।

नये व्यक्ति को माँ से अल्प परिचय होने पर भी ऐसा प्रतीत होता मानो किसी अपने निकटस्थ से दीर्घकाल पश्चात् मिलन हुआ हो। वे फिर माँ से दूर नहीं होना चाहते थे।

आध्यात्म अथवा धार्मिकता में रुचि नहीं रखने वाले भी माँ के प्रति उसी प्रकार आकर्षित होते तथा माँ प्रत्येक के भीतर सहज ही एक गहन आध्यात्मिक लालसा जागृत कर देती थीं। शाहबाग में दिन-रात कीर्तन, पूजन, प्रवचन एवं उल्लास की ध्वनियाँ गुँजारित होती रहती।

अनेक व्यक्ति वहाँ से लौटने को अनिच्छुक होते व माँ के निकट अपना कम्बल बिछाकर देर रात्रि में माँ के चरणों में शयन करते ताकि प्रातः सर्वप्रथम माँ का पुनः दर्शन प्राप्त कर सकें। समष्टि भंडारा सतत् चलता रहता था। स्वयं माँ भी भोजन पकाने एवं परोसने में सहायता करती थी।

प्रत्येक व्यक्ति को उसके संस्कार एवं स्वभावानुरूप आध्यात्मिक मार्गदर्शन एवं निर्देश प्राप्त होते थे। श्री माँ 'मानुष काली' तथा 'शाहबाग की माँ' के नाम से प्रख्यात होने लगी।

माँ का स्वयं अपनी सुख-सुविधाओं के प्रति पूर्ण वैराग्य एवं समता का भाव देख, भोलानाथजी ने एक दिन पाकशाला में विनोदपूर्वक माँ से प्रश्न किया कि क्या वे मुट्ठीभर लाल मिर्च ग्रहण कर सकती हैं? शान्त भाव से माँ ने उसी क्षण अपने हाथ से सुर्ख कुटी लाल मिर्च मुख में डाल ली। भोलानाथजी आश्चर्यचकित होकर देखते रहे किन्तु माँ की मधुर मुखमुद्रा में किंचित् भी अन्तर नहीं आया। तदनन्तर भोलानाथजी स्वयं उदर पीड़ा एवं पेचिश से पीड़ित हो गए। माँ ने प्रेमपूर्वक जतन से उनकी सेवा सुश्रुषा करते हुए गम्भीर वाणी में कहा *"इस प्रकार मेरी परीक्षा लेने का मैंने निषेध किया है।"* भोलानाथजी ने इस घटना के पश्चात् कभी ऐसा प्रयास नहीं किया।

प्रारम्भिक अवधि में भाईजी अपने तर्कपूर्ण स्वभाववशात् निरन्तर माँ का परीक्षण करते रहते थे। एक अवसर पर उन्होंने प्रश्न किया कि आप तो देहातीत हैं अतः क्या आपको ज्वलंत अंगारा अपने चरण पर रखने से पीड़ा का अनुभव नहीं होगा? भाईजी के सम्मुख तो माँ केवल हँस दी किन्तु बाद में एक अंगारा अपने पाँव पर रखकर शान्त भाव से पाँव को जलते हुये देखती रही। जलने से पाँव में गहरा घाव हो गया। इस संदर्भ में माँ का कथन था कि उन्हें 'ख्याल' उठा कि ऐसा कौतुक कर मैं उसको देखूँ, इसलिए उन्होंने किया था। भाईजी अपने इस मूर्खतापूर्ण निवेदन की परिणति को देख आत्मग्लानि से भर गए। उनके समर्पण भाव को देख माँ ने 'अपने ख्याल' से ही पुनः अपने पाँव के घाव को ठीक किया।

कीर्तन अवधि में रूपांतर

कीर्तन के समय व्यक्त होने वाला माँ का दिव्य भाव ही शाहबाग में आगन्तुकों के आकर्षण का प्रमुख केन्द्र था। भगवन्नाम श्रवण मात्र से माँ की देह में एक अद्‌भुत परिवर्तन प्रकट हो जाता था। झाँझ, मृदंग की ताल पर जैसे ही भक्तगण नृत्य एवं गायन प्रारम्भ करते, माँ की देह मानो एक अलौकिक शक्ति से अभिभूत हो जाती। मुखमण्डल की आभा अरुणाभ हो उठती तथा सम्पूर्ण देह अंगुष्ठ के अग्रभाग पर उत्थित होकर, भूमि को किंचित स्पर्श करती हुई समस्त जन समूह के मध्य संगीत की धुन पर दोलन करती हुई तरंग की भाँति प्रवाहित सी होती थी।

दूसरे ही क्षण माँ की देह त्वरित् गति से भूमि पर लोट-पोट होने लगती तथा पुनः कुछ क्षण में सीधी होकर हाथ ऊपर मस्तक के निकट उठाते हुए ढोलक की ताल पर झूमने लगती।

इन अलौकिक भावों के प्रत्यक्षदर्शी, माँ की शालीन रमणीयता से भावविभोर हो उठते। उन्हें माँ के इस स्वरूप में एक भव्य दैवीय शक्ति की अनुभूति होती थी। कीर्तन समाप्त होने पर माँ की देह भूमि पर निढाल होकर समाधिस्थ हो जाती तथा मुख से तीव्र गति से दिव्य मन्त्रों का

स्पष्ट उच्चारण होने लगता। भाव की अवधि में माँ के मुखमण्डल की भव्यता एवं तेजस्वीा आभा सभी को अत्यन्त प्रभावित करती थी।

एक अवसर पर कीर्तन के समय मूसलाधार वर्षा प्रारम्भ हो गई। माँ अपने दिव्य भाव में रत कीर्तन मण्डली को अपने साथ वर्षा में ले गई तथा वहीं नृत्य व कीर्तन चलता रहा। माँ ने मानों उस घनघोर आँधी तूफान का ही भाव धारण कर लिया था। इसी समय माँ की एक नन्हीं भतीजी 'लावण्य' माँ के पास शाहबाग आई हुई थी। अपनी बुआ का अद्‌भुत भाव देखकर वह दौड़कर माँ से लिपट गई। भावातिरेक की दिव्य शक्ति के वेग से वह तत्क्षण छिटककर दूर जा गिरी। जन समूह की अधिकता तथा अंधकार के कारण भूमि पर गिरी हुई बालिका की ओर किसी का ध्यान ही नहीं गया।

बाद में परिवारजन द्वारा उसे खोजने पर उन्होंने बालिका को एक धूल-धूसरित टीले के सदृश, मधुर स्वर में हरि नाम का उच्चारण करते हुये पाया। भूमि पर से उठा लेने पर भी वे उसे पुनः सामान्य स्थिति में लाने में असमर्थ थे। भाव में अवस्थित माँ के स्पर्श की शक्ति से बालिका उच्च आध्यात्मिक आनन्दातिरेक में प्रवेश कर गई थी। हरि नाम के उच्चारण को रोकने के आदेश के प्रत्युत्तर में बालिका कहने लगी *"मुझे सम्पूर्ण ब्रह्माण्ड हरिनाम से आच्छादित दृष्ट हो रहा है, मैं किस प्रकार इसे रोक सकती हूँ? हरि, हरि, हरि बोल।"* अन्ततः बालिका के सम्बन्धी उसे माँ के समक्ष ले गए तथा उसकी मनःस्थिति को पुनः सामान्य करने का निवेदन किया। माँ ने मुस्कराते हुए कहा कि, "ऐसी स्थिति की प्राप्ति के लिए तो योगी जन्म जन्मान्तर तपस्या करते हैं, और आप इस बालिका को इस अवस्था से निवृत्त कराना चाहते हैं?" किन्तु उनके द्वारा अधिक आग्रह करने पर माँ ने उसके चित्त को पुनः सामान्य स्थिति में अवस्थित कर दिया।

दो अलौकिक घटनाऐं

अलौकिक एवं विलक्षणताओं का घटित होना माँ की इस लीला के मानों नियम से बन गए थे। यद्यपि माँ स्वयं इन शक्तियों का प्रदर्शन नहीं करती थी, किन्तु माँ की उपस्थिति मात्र से 'लौकिक' एवं 'अलौकिक' का भेद समाप्त हो जाता था। माँ का सभी कुछ सहज रूप से स्वतः घटित हो जाता था। जनसामान्य के हितार्थ जो भी आवश्यक होता, वह स्वयमेव व्यक्त हो जाता था।

एक दिन माँ पूजा के लिए सुपारी काट रही थी, उसी समय एक परिवार अपनी लगभग पूर्णतः पक्षाघात से पीड़ित कन्या को माँ के समक्ष ले कर आए। माँ ने दो चार सुपारी कन्या के निकट भूमि पर डालते हुए उसे उठाने का आदेश दिया। कठिनाईपूर्वक धीरे से उसे आगे बढ़कर सुपारी उठाते देखकर उसके माता-पिता आश्चर्यचकित हो गए। घर लौटने के पश्चात् अनायास ही, मार्ग पर जा रहे धार्मिक जुलूस की ध्वनि सुन उसे देखने बालिका शैय्या से उठकर खिड़की के समीप दौड़ पड़ी। बाद में उसे भान हुआ कि वह पूर्णतः रोगमुक्त हो गई थी।

दीर्घकाल से संतानहीन एक युवा दम्पत्ति माँ के पास संतान प्राप्ति की प्रार्थना लेकर उपस्थित हुए। माँ जैसे ही अपने कक्ष से बाहर पधारी

पति ने माँ के चरणों में शीश नवाया। माँ के चरण का स्पर्श पाते ही वह कुछ क्षण के लिए गहन यौगिक भावावस्था में प्रविष्ट हो गया। इस भावान्तरण के कारण वे माँ के समक्ष संतान हेतु निवेदन करना भूल कर पुनः अपने घर लौट गए। यद्यपि बाह्य रूप से उन्होंने अपनी प्रार्थना प्रस्तुत नहीं की थी किन्तु माँ के चरण स्पर्श करते समय उनके चित्त में वही भाव था। शीघ्र ही उनकी पत्नी ने गर्भ धारण किया तथा एक सुन्दर बालक को जंन्म दिया।

अनेक भक्तों को माँ के स्वरूप में, अपने-अपने इष्ट देवता के दिव्य दर्शन प्राप्त होते थे। खुले नेत्रों से उन्हें माँ कृष्ण, काली अथवा किसी अन्य अपने प्रिय दिव्य रूप में साक्षात् दृष्ट होती थी।

चावल के नौ दानें

इन आरंभिक दिनों में माँ ने स्वयं अपने हाथ से भोजन ग्रहण करना बन्द कर दिया था। उन्हें अपने आहार अथवा देह संरक्षण की इच्छा ही अनुभव नहीं होती थी। माँ ने दीदी तथा अन्य सभी से कह दिया था कि यदि वे माँ के शरीर को अपने बीच रखना चाहते हैं तो उसकी देखभाल उन्हें स्वयं करनी होगी। इस समय के पश्चात् माँ को बालकवत् अन्य व्यक्ति के हाथ से ही भोजन खिलाया जाता था। माँ ने स्वयं अपने हाथ से फिर कभी आहार ग्रहण नहीं किया। माँ के आहार सम्बन्धी नियम भी अद्‌भुत रूप से परिवर्तित होते रहे। कई माह तक माँ प्रतिदिन चाँवल के मात्र नौ दाने ग्रहण करती थी। चावल की सावधानीपूर्वक गणना की जाती, नौ से अधिक होने पर माँ अस्वीकार कर देती। कभी-कभी लम्बे समय तक माँ पूर्णतः निराहार रहती तथा फिर कुछ समय अल्प मात्रा में शाक-भाजी अथवा एक दिन के अन्तर से फल या दूध लेती।

एक अवसर पर लम्बे समय तक माँ के निराहार रहने से चिन्तित भक्तों के अनुनय-विनय पर माँ भोजन करने बैठी। दीदी ने परोसना प्रारम्भ किया किन्तु माँ अत्यधिक भोजन कर लेने पर भी थमने का नाम ही नहीं ले रही थी। तब वे ही भक्त माँ से भोजन को विराम देने हेतु

करबद्ध प्रार्थना करने लगे। माँ ने हँसते हुये कहा *"तुम्हीं ने तो मुझे खाने को कहा, अब तुम्ही विराम देने को कह रहे हो। तुम निश्चय करो क्या करना है मेरे लिये तो दोनों स्थितियाँ एक ही समान है।"* तत्पश्चात् उन्हें माँ के व्यवहार में हस्तक्षेप नहीं करने की सीख मिल गई।

माँ का आदेश था कि खाद्य सामग्री को संग्रहित कदापि नहीं किया जाये। समस्त उपलब्ध सामग्री से भोजन बनाकर वितरित कर दिया जाए। श्री माँ के अद्भुत आहार सम्बन्धी नियमों को देखते हुये भाईजी ने आवश्यकता से अधिक आटा, घी, शाक-सब्जियाँ इत्यादि सामग्री गुप्त रूप से खरीद कर दीदी के निकट माँ के उपयोग हेतु रखवा दी।

उसी दिन प्रातः जागने पर माँ ने दीदी को सारी सामग्री से भोजन पकाने का निर्देश दिया। भोजन तैयार हो जाने पर, विपुल मात्रा में पकाया गया सारा भोजन माँ ने अकेले ही ग्रहण कर लिया। तदनन्तर भाईजी को बुलवाकर माँ ने उनसे कहा *"मेरे उपयोग हेतु खाद्य सामग्री का भण्डारण कभी नहीं करना तथा न ही मेरे भोजन के सम्बन्ध में चिन्तित होना। यदि मैं वास्तव में खाना प्रारम्भ कर दूँ तब तुम लोग मेरे लिए पर्याप्त व्यवस्था कभी भी नहीं कर पाओगे।"*

अनेक अवसरों पर माँ ने दिखाया कि उनकी देह के अस्तित्व का सम्बन्ध उनके द्वारा ग्रहण किये गए भोजन के परिमाण अथवा किसी भी अन्य बाह्य कारण से नहीं था। माँ प्रायः कहतीं कि प्रकृति के प्रत्येक तत्व में ऊर्जा का एक अपरिमित प्रवाह विद्यमान है, तथा केवल प्रकाश एवं वायु से भी शरीर का निर्वहन सम्भव है। ऊर्जा एवं शक्ति का ह्रास हुये बिना दीर्घकाल पर्यन्त निराहार रहकर माँ स्वयं इस का प्रमाण प्रस्तुत करती थी। माँ को वस्त्र धारण करवाते समय दीदी अनुभव करतीं कि वही वस्त्र किसी दिन माँ के शरीर पर अत्यन्त छोटे पड़ते तथा किसी दिन ढीले हो जाते। माँ के माप में इस परिवर्तन का कोई स्पष्ट कारण नहीं था। माँ की ऊँचाई में भी समय-समय पर परिवर्तन दिखाई देता था और कभी-कभी माँ की देह पूर्व की तुलना में अधिक ऊँची दिखाई देती थी।

माँ का नमाज पढ़ना

माँ के निकट अनवरत् विशाल होते भक्त समूह में अनेक मुसलमान भी माँ के प्रति आकृष्ट होकर सम्मिलित हो जाते थे। शाहबाग परिसर में एक फकीर तथा उनके शिष्य की मजार स्थित थी। माँ के विषय में सुनकर एक मुसलमान कीर्तन कक्ष के बाहर खड़े होकर भीतर संध्या कीर्तन में चल रहे हर्षोल्लास को देख रहा था। हिन्दू धर्म से सम्बन्धित किसी भी स्थल में प्रवेश इस्लाम में वर्जित होने के कारण वह भीतर प्रवेश नहीं कर रहा था। माँ एकाएक तीव्र गति से कक्ष से बाहर आई तथा उस व्यक्ति को अपने पीछे आने का संकेत किया। अन्य मुसलमान व्यक्तियों के संग वह भी माँ का अनुगमन करते हुए फकीर की मजार पर पहुँच गया। वहाँ पहुँचकर माँ ने सहज रूप से सभी उपयुक्त भाव-भंगिमाओं सहित शुद्ध अरबी भाषा में सम्पूर्ण नमाज अदा की। यह दृश्य देखकर वह भाव-विभोर हो उठा तथा स्वयं भी माँ के संग नमाज पढ़ने लगा। उसने फिर बताया कि माँ के नमाज अदा करने की प्रक्रिया में छोटी से छोटी भंगिमा भी पूर्णतः परिशुद्ध एवं अत्यन्त सुन्दर रूप से सम्पन्न हुई थी।

एक अन्य अवसर पर भाईजी तथा दीदी के संग माँ शाहबाग परिसर के बाहर पधारी। मार्ग पर जा रही टैक्सी को रोककर माँ भाईजी एवं

दीदी के साथ उसमें सवार हो गई। युवा मुसलमान चालक द्वारा गंतव्य पूछने पर माँ कहने लगी *"हम तुम्हारे घर जायेंगे।"* चालक माँ की आज्ञानुसार उन्हें अपने घर ले गया। वहाँ पहुचने पर उन्होंने देखा कि पहले से ही गम्भीर रूप से रोगग्रस्त उसके पिता इस समय मरणासन्न अवस्था में थे। माँ ने उन्हें आशीर्वाद दिया तथा मिष्ठान्न मँगवाकर स्वयं अपने हाथ से सबको वितरित कर पुनः शाहबाग लौट आई। अगले दिन जिज्ञासावश भाईजी ने गाड़ी चालक के घर जाने पर पाया कि उसके पिता पूर्णतः स्वस्थ हो गए थे व समस्त परिवार अत्यन्त हर्षित था।

सन् 1929 में ढाका में दार्शनिक चिन्तकों का राष्ट्रीय सम्मेलन आयोजित किया गया था। इस आयोजन के अधिकतर प्रतिभागियों ने एक अत्यन्त सरल एवं लगभग अशिक्षित युवा बंगाली माताजी के सम्बन्ध में चर्चा सुनी थी। दार्शनिकों का एक समूह माँ के दर्शनार्थ शाहबाग आया व उनसे दार्शनिक सिद्धांतो से सम्बन्धित अनेक जटिल प्रश्न किये।

माँ के शान्त एवं तेजस्वी स्वरूप तथा प्रत्येक प्रश्न के बेझिझक दिये हुये गूढ़, गम्भीर उत्तर सुनकर वे विस्मित् रह गए। माँ से अत्यन्त प्रभावित होकर अन्त में उन्होंने करबद्ध हो निवेदन किया कि "अभी तक हमने शास्त्रों का केवल शुष्क अध्ययन ही किया था किन्तु आज हमें अपने धार्मिक, दार्शनिक सिद्धांतों ग्रंथों का सजीव रूप देखने को मिला है।"

आनन्दमयी माँ का अवतरण

शाहबाग को घेरे हुये घने वनक्षेत्र में एक प्राचीन परित्यक्त काली मन्दिर स्थित था। माँ के 'ख्याल' में यह मन्दिर अनेक अवसरों पर प्रकट होता था। एक दिन वन में भ्रमण करते हुये माँ अनायास ही झाड़ियों में ओझल उस मन्दिर के निकट पहुँच गई। तत्पश्चात् माँ प्रायः वहाँ जाती रहतीं तथाएक दो भक्तों के साथ वहाँ ठहर भी जाती थी। भोलानाथजी भी एकान्त में योग साधना हेतु वहाँ समय व्यतीत करने लगे। एक दिन प्रातःकाल भोर के समय माँ ने एकाएक भोलानाथजी को अपने साथ बाहर आने का संकेत किया तथा तीव्र गति से चलते हुये एक खुले स्थान पर पहुँचकर ठहर गई। वहीं मंत्रोच्चारण करते हुये माँ ने भूमि पर एक गोलाकार अंकित किया तथा उसके मध्य में स्वयं विराजित होकर भोलानाथजी को भी अपने समीप बैठने का संकेत किया। अचानक माँ अपना हाथ भूमि के भीतर दबाने लगी। यद्यपि भूमि शुष्क एवं कठोर थी परन्तु माँ का हाथ भूमि की गहराई में समाने लगा, मानो कि भूमि विभक्त होकर स्वयं स्थान दे रही हो। कंधे तक हाथ धरती में समा जाने पर भोलानाथजी ने चिन्तित होकर तुरन्त माँ के हाथ को बाहर खींच लिया। उन्होंने देखा कि भूमि की गहराई से निकाली गई कोई वस्तु माँ के हाथ में थी। माँ का हाथ बाहर आ जाने पर उस स्थान से रक्तवर्ण उष्ण तरल पदार्थ बहने लगा। वहाँ के रहस्य को उद्घाटित करते

हुये माँ ने कहा कि पूर्व में उस स्थान पर संतों व योगियों द्वारा तपस्या की गई थी तथा स्वयं भोलानाथाजी पूर्वजन्म में इसी स्थान पर रहे थे व उन्होंने वहाँ तपस्या भी की थी। माँ के हाथ में जो वस्तु थी वह भी भोलानाथजी के द्वारा पूर्वजन्म में प्रयुक्त की हुई वस्तु ही थी।

उस स्थान को चिन्हित कर वहाँ पर एक चबूतरे का निर्माण कर दिया गया। आने वाले दिनों में माँ प्रायः उसी के ऊपर बैठा करती थी।

जब से माँ ने अपना अधिकतर समय सिद्धेश्वरी मन्दिर में तथा उस चबूतरे पर व्यतीत करना प्रारम्भ किया भक्तगण भी वहीं एकत्रित होने लगे। एक अवसर पर रात्रि के समय माँ के सम्मुख बैठे हुये भक्तजन एक अद्भुत एवं विलक्षण यौगिक क्रिया के साक्षी बने। प्रत्यक्षदर्शियों ने विस्मयपूर्वक देखा कि माँ की देह का आकार सिकुड़ते हुये पूर्णतः ओझल हो गया तथा वहाँ केवल वस्त्रों का एक ढेर शेष रह गया। कुछ क्षण पश्चात् देखते-देखते उन वस्त्रों में स्पंदन प्रारम्भ हुआ तथा शनैः शनैः वहाँ माँ का स्वरूप पुनः उदित हो गया। तदनन्तर उर्ध्व दृष्टि किये निश्चल बैठी हुई माँ मधुर, आलौकिक वाणी में स्वयं की वास्तविक व्याख्या करते हुये कहने लगीं *"तुमने अपने जीवन के कार्य हेतु इस शरीर को अवरोहित किया है। तुम्हारी अपनी आकांक्षा ने ही इसे आमंत्रित किया है।"*

एक दिन प्रातः भाईजी माँ के कक्ष के बाहर प्रतीक्षा कर रहे थे। एकाएक द्वार खुला तथा एक ज्वलंत तेजस्वी, अलौकिक देवी स्वरूप द्वार के मध्य खड़ा हुआ दिखाई दिया। धीरे-धीरे प्रकाश उस दिव्य स्वरूप में समाहित होने लगा तथा भाईजी की ओर मुस्कुराते हुये माँ का स्वरूप प्रत्यक्ष दिखाई देने लगा। तर्कपूर्ण बुद्धि वाले भाईजी को इस दृश्य की विश्वसनीयता पर संशय था। उन्होंने मन में विचार किया कि "मैने अभी जो देखा, यदि वह सत्य है तो मेरे द्वारा किये गये देवी के मंत्रजप के प्रत्युत्तर में माँ अवश्य कोई प्रतिक्रिया करेगी।" वे वहीं खड़े-खड़े देवी की मानसिक स्तुति करने लगे? निकट आने पर उन्होंने माँ के समक्ष नमन

किया तथा माँ ने कुछ पुष्प उनके मस्तक पर डालकर उनकी मानसिक स्तुति की स्वीकारोक्ति दे दी।

एक दिन अपरान्ह माँ ने भाई जी को उनके दफ्तर से बुलवा भेजा। मंदिर में पहुँचने पर उन्होंने माँ को चबूतरे पर विराजित पाया। माँ के सम्मुख बैठकर चर्चा करते समय उन्होंने देखा कि माँ की मुखमुद्रा अत्यंत सुप्रदीप्त एवं प्रफुल्लित थी तथा सम्पूर्ण देह दिव्य आनंद से भरपूर थी। यह देख उन्होंने भोलानाथ जी से कहा, इसी क्षण से हम माँ को आनन्दमयी माँ संबोधित करेंगे। भाईजी के इस मंतव्य पर भोलानाथजी ने भी अपनी सहमति व्यक्त की। तत्पश्चात् जब भाई जी ने माँ से उन्हें बुलवाने का कारण जानना चाहा, तब माँ ने हँसते हुए उत्तर दिया, *"अन्यथा आज मुझे अपना नाम केसे प्राप्त होता?"* तद्नन्तर भक्त गण माँ को इसी नाम से सम्बोधित करने लगे तथा इसके लिये माँ की ओर से अनुक्रिया भी प्राप्त हुई।

इसी समय भक्तों की एक टोली को संग लेकर माँ वाराणसी (जिसे बनारस भी कहा जाता था।) पधारीं। माँ के नगर आगमन का समाचार कानोंकान फैल गया तथा माँ के निकट आगंतुकों के रातदिन के प्रवाह से वह स्थान मानों एक उत्सव स्थल में परिवर्तित हो गया। प्रारम्भ में भोलानाथ जी के द्वारा आपत्ति प्रकट करने पर माँ ने उन्हें स्मरण कराया कि पूर्व में भी वे स्वयं इसकी अनुमति प्रदान कर चुके हैं। माँ ने कहा आप के द्वारा खोले गये द्वार को अब पुनः बन्द करना असंभव होगा। भोलानाथजी ने इस कथन को सहर्ष स्वीकार किया तथा माँ के विस्तार होते इस भक्त परिवार में स्नेहपूर्ण एवं मार्गदर्शक पिता का स्थान पाया।

माँ के निकट आने वाले व्यक्तियों में एक प्रसिद्ध विद्वान एवं उच्चकोटि के साधक श्री गोपीनाथ कविराज भी थे। भारत के समकालिक महान पंडितों में मान्यता प्राप्त श्री कविराजजी ने माँ के स्वरुप में उन अवस्थाओं की अभिव्यक्ति प्रत्यक्ष देखी जिनके विषय में उन्होंने शास्त्राध्ययन के

अंतर्गत अब तक केवल पढ़ा था। अंत्यत प्रभावित होकर वे अपना समय यथासंभव माँ के सन्निकट व्यतीत करने लगे तथा अन्ततः अपने जीवन के अंतिम वर्ष माँ के वाराणसी स्थित आश्रम में ही व्यतीत किये।

बंगाल से लौटकर भोलानाथ जी ने एक प्राचीन पवित्र स्थल तारापीठ में दीर्घकाल पर्यन्त गहन योग साधना तथा ध्यान समाधि में रत रहते हुए उच्चतम आध्यात्मिक स्थिति को प्राप्त किया। माँ भी समय-समय पर वहाँ आकर लम्बे समय तक ठहरती थीं। शीघ्र ही स्थानीय निवासियों के बीच वे लोकप्रिय हो गईं। तारापीठ की महिलायें माँ से कहतीं कि वे उन्हें साक्षात् देवी के रूप में देखती हैं। भोलानाथ जी ने माँ की उपस्थिति में भक्तों को दीक्षा प्रदान करना प्रारम्भ किया। अगले कुछ वर्षों में अनेक व्यक्तियों ने भोलानाथ जी से दीक्षा प्राप्त कर उन्हें गुरु माना।

भाई जी के प्रयास के फलस्वरुप प्रथम आश्रम की सन् 1932 में ढाका के निकटस्थ रमणा में स्थापना की गई तथा सिद्धेश्वरी मंदिर से संलग्न एक और छोटा साधना स्थल भी स्थापित हुआ। श्री माँ को समर्पित अनेकानेक आश्रमों की श्रृंखला का प्रारम्भ यहीं से हुआ। माँ के दिव्य स्वरुप को केन्द्र में रखते हुए ये आश्रम अत्यंत हर्षोल्लास से धार्मिक-आध्यात्मिक गतिविधियों के स्थल बने। कीर्तन, उत्सव एवं अन्य आध्यात्मिक गतिविधियों के मध्य वहाँ आने वाला प्रत्येक व्यक्ति माँ से निर्देश तथा मार्गदर्शन प्राप्त करता था।

महाभाव की अवस्था में आनन्दमयी

बंगाल से विदा

ढाका में भक्तों के मध्य आठ वर्ष व्यतीत करने के पश्चात् सन् 1932 में माँ ने सहसा बंगाल से विदा ली। प्रस्थान के एक दिवस पूर्व, *"चलो भिक्षा लेकर आते हैं।"* ऐसा कहते हुए माँ प्रातःकाल आश्रम के बाहर पधारीं। माँ के उद्‌देश्य से अनभिज्ञ सभी आश्रम वासियों ने माँ का अनुगमन किया।, माँ का यह विनोदपूर्ण खेल दिवस पर्यन्त चलता रहा। माँ प्रत्येक अनुयायी के द्वार के सम्मुख भिक्षा की याचना कर रही थीं। गृह स्वामी भी इस विनोद का आनन्द लेते हुए भिक्षा प्रदान करने के पश्चात् भिक्षार्थियों के समूह में सम्मिलित होकर माँ के संग अगले द्वार पर पहुँच जाते थे। संध्या होते होते यह विशाल भक्त समूह माँ के पीछे-पीछे नगर का पद भ्रमण करते हुए आश्रम पहुँचा। भिक्षा में प्राप्त सामग्री से भरा हुआ रिक्शा भी इनके पीछे-पीछे आश्रम पहुँचा।

आश्रम लौटने पर माँ ने आदेश दिया कि सम्पूर्ण एकत्रित सामग्री से सहभोज हेतु व्यंजन बनाये जाये। पाकशाला में तथा भोजन परोसने में सभी सहयोग देने लगे तथा स्वयं माँ भी उनकी सहायता कर रही थीं। देर रात्रि सभी उल्लास से परिपूर्ण एवं तृप्त होकर आश्रम से विदा हुए। उन्हें भान ही नहीं हुआ कि माँ उनसे विदा ले रही थी। आश्रम में शेष रहे अन्तःवासियों को माँ ने एक-एक कर एकान्त में बुलाकर बताया

कि वे उसी समय, रात्रि में किसी अज्ञात गंतव्य हेतु प्रस्थान करने वाली थीं। भक्तों के द्वारा इस निर्णय का प्रतिवाद करने पर माँ ने कहा, *"मुझे अपने 'ख्याल' अनुसार चलने दो। तुम्हारे द्वारा मेरे पथ में अवरोध उत्पन्न करने पर मैं ऐसा नहीं कर पाऊँगी।"*

माँ ने भोलानाथ जी से अनुमति प्रदान करने करने हेतु प्रार्थना की। माँ के निश्चय का दृढ़ देखकर उन्होंने सहमति दे दी तथा माँ के द्वारा निर्देशन के लिये प्रतीक्षारत हुए। माँ के आदेश पर भाई जी को उनके घर से बुलवाया। माँ के संग जाने का निर्देश प्राप्त होने पर उन्होंने अपने परिवार को सूचित करने के लिये घर जाने की अनुमति मांगी। माँ ने उनका अनुरोध अस्वीकार कर दिया तथा भोलानाथ जी व भाई जी को साथ लेकर रेल्वे स्टेशन हेतु प्रस्थान किया। गंतव्य के विषय में पूछने पर माँ ने निर्देश दिया कि रेलगाड़ी के अंतिम पड़ाव तक के टिकट खरीद लिये जायें। अर्द्ध रात्रि में रुपये पैसे अथवा अन्य किसी भी आवश्यक सामान के बिना अज्ञात की ओर केवल अपने 'ख्याल' के आधार पर माँ ने बंगाल त्याग दिया।

इन विचित्र घटनाओं के विषय में ढाका के अनुयायियों द्वारा परस्पर चर्चा करने पर अनुभव हुआ कि प्रस्थान के पूर्ववर्ती दिनों में माँ ने एक दूसरे को ज्ञात हुए बिना, प्रत्येक व्यक्ति को अलग-अलग एकान्त में उसकी आध्यत्मिक साधना हेतु विस्तारपूर्वक निर्देश देते हुए प्रोत्साहित किया था। इस प्रकार प्रारम्भ हुई परिव्रजन की यह गाथा, माँ की देह लीला के शेष पचास वर्ष पर्यन्त, अविछिन्न रुप से चलती रही। उत्तरवर्ती काल में देखा गया कि संपूर्ण भारतवर्ष में अनवरत भ्रमण करते हुए माँ किसी एक स्थान पर अधिक समय तक नहीं ठहरती थी।

आनन्दमयी अपने भक्तों के संग

हिमालय में प्रवास

योजना रहित भ्रमण करते हुए तीनों अन्ततः हिमालय की तलहटी में स्थित देहरादून नगर पहुँचे। निकटस्थ ग्राम रायपुर के एक प्राचीन निर्जन शिवालय से संलग्न कक्ष में उन्होंने अपना डेरा डाला, तथा अत्यंत साधारण व्यवस्थाओं के बीच छः मास तक वहाँ एकान्त में निवास किया। भोलानाथ जी की गहन साधना अनवरत चल रही थी। वे अधिकतर ध्यान में रत रहते थे। माँ भी अधिकांश समय समाधि में बैठीं अथवा लेटी रहतीं या फिर निकट के खेत एवं वन क्षेत्र में टहलती रहती थीं। भाई जी जिनके छोटे से छोटे कार्य हेतु अनुचर सदैव तत्पर रहते थे, आज प्रसन्नता से अपने अलौकिक मातृ-पितृ सदृश माँ एवं भोलानाथ जी की प्रत्येक सुख-सुविधा की देख-रेख करते हुए स्वयं एक सरल साधु-सा जीवन जी रहे थे। समीप के गाँव से भिक्षा लाना, भोजन पकाना, वस्त्र धोना इत्यादि सभी कार्य वे स्वयं करते थे।

माँ के प्रवास के साथ-साथ धीरे-धीरे समाचार फैलने लगा कि प्राचीन शिव मंदिर में एक अद्‌भुत बंगाली माताजी ठहरी हुई हैं। संध्या के समय दर्शनार्थी आने लगें। प्रारंभ में वे जिज्ञासावश आते किन्तु फिर माँ से प्रभावित होकर नियमित आने लगे। शनैःशनै आगंतुकों की संख्या में वृद्धि हो रही थी। माँ कभी प्रवचन नहीं करतीं किन्तु अनौपचारिक रुप से पूछे गये प्रश्नों के उत्तर सहज ही दे देती थीं।

प्रारंभ में माँ केवल बांग्ला भाषा में ही बोलती थीं किन्तु थोड़े समय पश्चात् हिन्दी में भी वार्तालाप करने लगीं। आध्यात्मिक जीवन के प्रत्येक पक्ष की व्याख्या करते हुए उनका मुख मंडल लालिमायुक्त हो उठता, नेत्र प्रेमानन्द से परिपूर्ण हो जाते व दिव्य ज्ञान श्री माँ के मुख से प्रवाहित होने लगता था। माँ के सम्मुख जो भी आता उसे माँ अपने निकटतम संबंधी से भी अधिक अपनी सी प्रतीत होतीं तथा माँ उन्हें कहती *"मेरे लिये कोई नया नहीं है, सभी मेरे लिए चिरपरिचित है।"* जो व्यक्ति कठिन मार्ग की त्रासदी झेलकर भी उस निर्जन मंदिर में आते तथा माँ के चरणों में घण्टों बैठे रहते उन्हें माँ कहतीं *"तुम्हें ज्ञात हो या न हो, मैं तुम्हारा अन्तरतम् प्रेमास्पद, तुम्हारा आप हूँ।"* इस निर्जन स्थल में शीघ्र ही नवीन भक्तों का समूह निर्मित होने लगा।

देहरादून के एक प्रतिष्ठित व्यक्ति श्री हरिराम जोशी का माँ के भक्तों में एक विशिष्ट स्थान रहा। वे स्वयं जीवन पर्यन्त माँ के अनुयायी रहे, तथा अनेक महत्वपूर्ण व्यक्तियों एवं राजनीतिज्ञों को भी माँ के समीप लाने का श्रेय उन्हीं को है। इन्हीं के प्रयासों से श्रीमती कमला नेहरु, श्री जवाहरलाल नेहरु तथा श्रीमती इन्दिरा गांधी आदि माँ के अनन्य भक्त बने। देहरादून के प्रथम आश्रम की स्थापना में भी श्री हरिराम जोशी जी की महती भूमिका रही। छः माह पश्चात भोलानाथजी ने रायपुर से उत्तरांचल यात्रा हेतु प्रस्थान किया तथा अनेक वर्ष उत्तरकाशी में निवास कर, ध्यान एवं तपस्या में रत रहे। माँ तथा भाई जी साधारण साधु स्वरुप में वहाँ नगर एवं ग्रामों में भ्रमण करते रहे। यदा-कदा कुछ अनुयायी भी संग हो जाते थे। माँ के 'ख्याल' प्रफुल्ल स्फुरण से प्रेरित वे धर्मशालाओं में अथवा किसी देवालय के बरामदे में रात्रि विश्राम कर लेते थे।

वर्ष 1933 में भोलानाथ जी ने संदेश भेजा कि उत्तरकाशी में अपनी तपःस्थली पर श्रद्धालुओं के सहयोग से एक काली मंदिर निर्माण की योजना है। माँ ने बंगाल से गुरुप्रिया दीदी, उनके पिताजी तथा अन्य इच्छुक भक्तों को प्राण प्रतिष्ठा उत्सव के लिये बुलवा भेजा। देहरादून एवं निकटवर्ती स्थानों के नवीन भक्त समूह ने इन सभी का आत्मीयता से आतिथ्य-सत्कार किया। सभी लोग एकत्रित हो कर माँ के संग मसूरी

से उत्तरकाशी के पर्वतीय मार्ग से प्राण प्रतिष्ठा उत्सव में सम्मिलित होने चल पड़े। यद्यपि मार्ग दुर्गम तथा लम्बा था किन्तु माँ के सान्निध्य में सभी अत्यंत उत्साहित एवं प्रसन्न चित्त थे। एक स्थान पर नदी के तीव्र प्रवाह को देखते हुए माँ स्वयं जलधारा के मध्य खड़ी हो गईं तथा एक-एक यात्री को सहायता कर पार उतारने लगीं। तीव्र वेग में भक्तों की सहायता करते हुए माँ का यह प्रभुत्वपूर्ण स्वरुप देख प्रत्यक्षदर्शी इतने अभिभूत हो गये कि वे करबद्ध होकर माँ से यह प्रार्थना किये बिना नहीं रह सके कि, "माँ भव नदी से भी इसी प्रकार पार लगा देना।"

इस समय के उपरांत दीदी तथा उनके पिता सदैव माँ के संग रहे। दीदी ने विधिपूर्वक नैष्ठिक ब्रम्हचर्य दीक्षा एवं तदन्तर सन्यास दीक्षा ग्रहण की। दीदी के पिता एक महान बंगाली वंश परंपरा के प्रमुख एवं समाज के प्रतिष्ठित सदस्य थे। माँ उन्हें शनैःशनै सांसरिक जीवनचर्या तथा भौतिकता से विलग कर आध्यत्मिक साधनाओं की ओर निर्देशित करते हुये एक अनुकरणीय साधुत्व की ओर ढालने लगीं। अन्त में उन्होंने सर्वस्व त्याग कर श्री माँ के प्रथम दीक्षित शिष्य स्वामी अखण्डानन्द गिरिजी के नाम से विधिवत् सन्यास ग्रहण किया।

हिमालय की तलहटी में भ्रमण करते हुए माँ, भाई जी एवं एक अन्य अनुयायी के रांग शिमला नगर के निकट एक छोटी सी गुफा में ठहरी हुई थीं। यहीं पर सोलन के राजा दुर्गा सिंह माँ के विषय में सुनकर दर्शनार्थ वहाँ उपस्थित हुए तथा माँ को भीषण शीत व आर्द्रतापूर्ण पर्वतीय कंदरा में आराम से विराजित पाया। राजा साहब धार्मिक प्रवृत्ति के उच्च चरित्रवान व्यक्ति थे। वे सदैव सन्तजन एवं धर्म गुरुओं से सत्संग हेतु आतुर रहते थे। माँ की आनन्दमयी मुख मुद्रा व ओजस्वी अनुभव-वाणी से प्रभावित होकर वे माँ के अनन्य भक्त बन गये तथा अनेक अवसरों पर माँ को समस्त भक्त मंडली सहित अपने महल के विशाल प्रांगण में ठहरने हेतु आमंत्रित करते रहे। उनकी प्रखर योग व साधना के कारण माँ ने उनका 'योगी भाई' नामकरण किया। तदनन्तर सोलन राजपरिवार के सभी सदस्य तथा वहाँ के सभासद भी माँ के अनुयायी बन गये।

माँ सदैव कहती थीं कि निष्ठापूर्वक किये गये निरन्तर नाम जप से आध्यात्मिक उन्नति हो सकती है। *"चित्त में यह स्मरण बना रहे कि भगवन्नाम स्वयं भगवान ही है, नाम व नामी में भेद नहीं है। उन्हें अपना अभिन्न सहचर बना लो। वस्तुतः सभी नाम उन्हीं के हैं किसी भी नाम से पुकारो, तुम उन्हीं को पाओगे।"* माँ ने अपने इस कथन को समय-समय पर स्वयं चरितार्थ कर दिखाया है, विशेषतः कीर्तन से प्रकट हुए दिव्य भाव के रुप में। शाहबाग से प्रस्थान के पश्चात् दीर्घकाल पर्यन्त इस भाव का प्राकट्य थम सा गया था किन्तु वर्ष 1936 में भक्तों को पुनः इस अद्भुत अलौकिक भाव का साक्षी बनने का सौभाग्य प्राप्त हुआ।

शिमला प्रवास के समय माँ को एक स्थानीय धार्मिक संस्था ने वार्षिकोत्सव में आमंत्रित किया गया था। समारोह की गतिविधियों के अन्तर्गत एक विशाल कक्ष में, सुसज्जित देवी विग्रह को मध्य रखते हुए झांझ-मंजीरे, ढोलक, मृदंग इत्यादि की ताल पर दिवस पर्यन्त अखण्ड कीर्तन का आयोजन किया गया था। नाम संकीर्तन के प्रारंभ होते ही एक आलौकिक वातावरण निर्मित होने लगा था। भोलानाथजी एवं दीदी ने अनुभव किया कि माँ इससे द्रवित होकर गहन भाव-समाधि में प्रविष्ट हो रही थीं। इस प्रकार सहज ही प्रकट भावावस्था के प्रति अपरिचित व्यक्तियों की प्रतिक्रिया के विषय में संशयवशात् भोलानाथ जी ने माँ से स्वयं को सम्हालने का निवेदन किया। दीदी को माँ की मुख मुद्रा व भाव भंगिमा को देखकर भान हो रहा था कि माँ इस भावावेग को स्वयं में समाहित रखने का प्रयास कर रहीं थी।

दिवस पर्यन्त इस अखण्ड नाम-संकीर्तन में समय-समय पर माँ का मुख मण्डल एक अपूर्व दिव्य ज्योति से दमक उठता और फिर दृष्टि स्थिर होकर माँ योग-समाधि में अवस्थित हो जातीं। पूर्णाहुति के समय माँ एकाएक खड़ी होकर तीव्र गति से कीर्तन मण्डली के मध्य चली गईं। महाभाव से उद्वेलित त्वरित स्पंदन से माँ की देह किसी किसी क्षण मानों केवल एक अस्पष्ट श्वेत आकृति संग रुप दृष्ट हो रहीं थीं।

कीर्तन में सम्मिलित व्यक्तियों के द्वारा अभी तक केवल शास्त्राध्ययन से ज्ञात स्थिति को प्रत्यक्ष अनुभव करने का यह अवसर था। कीर्तन के समापन में माँ गहन भाव-समाधि की स्थिति में भूमि पर निढाल हो गई तथा उनके मुख से मधुर, मोहक दिव्य मंत्रोच्चारण प्रस्फुटित होने लगे। भक्तगण श्रद्धावनत् हो देवी की स्तुति करने लगे। उन्होंने माँ से आग्रहपूर्वक वचन लिया कि माँ प्रतिवर्ष इस उत्सव में सम्मिलित होंगी। तभी से उस कक्ष में माँ का चित्र सुशोभित है।

माँ जहाँ भी जाती थीं, वहाँ महिलाओं को कीर्तन में भाग लेने हेतु प्रोत्साहित करती थीं। उस समय सामान्यतः केवल पुरुष वर्ग ही कीर्तन गाया करते थे तथा महिलाऐं निकटस्थ कक्ष में बैठकर सुनती थीं। माँ का सुझाव था कि उत्सव के समय महिलाओं को भी कीर्तन में सम्मिलित होना चाहिए। माँ ने पुरुषों से, अपनी पत्नियों को इस महत्वपूर्ण साधना से वंचित न रखने का निर्देश दिया। शीघ्र ही महिलायें स्वयं अपने कीर्तन आयोजन हेतु एकत्रित होने लगीं तथा माँ उनको प्रोत्साहित करते हुए स्वयं भी टहलते-टहलते उनके संग कीर्तन गान करती थीं।

आनन्दमयी माँ इंदिरा गांधी और जवाहरलाल नेहरु के साथ

शिव के गृह में

सन् 1937 में माँ देहरादून से लगभग 22 किलोमीटर की दूरी पर स्थित पर्वतीय नगरी मसूरी पधारीं। वहाँ कुछ विद्यालयीन छात्राओं की माँ से भेंट हुई। वे मूलतः अल्मोड़ा के उत्तरी क्षेत्र में कैलाश पर्वत के सन्निकट गांव की निवासी थीं। भारतवर्ष में कैलाश यात्रा कठिनतम होते हुए भी सर्वाधिक महत्वपूर्ण मानी जाती है। हिमालय की पर्वतीय श्रृंखला में ऊँचाई पर, दुर्गम वन्य प्रदेश में स्थित कैलाश पर्वत पौराणिक मान्यता के अनुसार भगवान शिव का निवास स्थल है।

उन छात्राओं ने घर लौटते समय माँ को अपने संग ले जाने का आमंत्रण देते हुए कैलाश यात्रा के मार्ग में सहायक होने का आश्वासन भी दिया। भोलानाथजी स्वभावतः निर्भीक एवं यात्रा प्रेमी थे, अतः वे इस प्रस्ताव से अत्यंत उत्साहित हुए। भोलानाथजी, दीदी, स्वामी अखण्डानंद जी, भाई जी तथा मसूरी की दोनों छात्राओं का छोटा-सा समूह माँ के संग इस कठिन यात्रा पर जाने हेतु तैयार हुआ। उपयुक्त ऊनी वस्त्र, घोड़े खाद्य एवं अन्य सामग्री इत्यादि की व्यवस्था कर लेने के उपरांत यात्री दल ने, पहाड़ी दर्रा पार करते हुए अलमोड़ा से प्रस्थान किया। यद्यपि ऋतु की विषमता, लुटेरों का भय, एवं लगभग अगम्य पर्वतीय प्रदेश यात्रा को जटिल बना रहे थे किन्तु माँ की सन्निधि से

आनन्दित तथा हिमगिरी की अपूर्व सौंदर्यपूर्ण दृश्य से प्रोत्साहित होकर वे प्रसन्नतापूर्वक अग्रसर हो रहे थे।

माँ की अलौकिक प्रभा और सरल हृदय पर्वतीय निवासियों को भी आकर्षित कर रही थी। एक दिन जब सभी यात्री मार्ग में विश्राम कर रहे थे तब एक ग्रामीण महिला सिर पर लकड़ी का गट्ठर लिए निकट से निकली। माँ ने अपने स्नेहपूर्ण ढंग से उसका अभिवादन किया और वह माँ की ओर मुस्कराते हुए आगे बढ़ गई।

परस्पर इस मधुर संवाद का विवरण देते हुए दीदी ने बताया कि कुछ दूर आगे बढ़ जाने पर वह महिला पुनः-पुनः मुड़कर माँ को निहारती रही। फिर लौटकर आई तथा माँ के निकट श्रद्धापूर्वक बैठकर प्रेम से बतियाने लगी। माँ से भेंट करने वाले सभी ग्रामवासी उन्हें 'देवी भगवती' कहकर सम्बोधित करने लगे थे।

एक दिन जैसे ही ये तीर्थ यात्री ऊँची पर्वतीय घाटी के दर्रे में प्रविष्ट हुए, उनका सामना सशस्त्र लुटेरों से हो गया। आगे चल रहे स्थानीय पथ प्रदर्शक ने अपने घोड़े को एड़ लगाई तथा उसे दौड़ाते हुए लुटेरों के सरदार के निकट ले गया। उसने सरदार को बताया कि माँ अपने अनुयायियों के संग कैलाश यात्रा पर जा रही थीं। उस लुटेरे ने जैसे ही अपनी दृष्टि माँ के मुख मण्डल की ओर केन्द्रित की, किसी अन्तः प्रेरणा से प्रेरित होकर उसने उन्हें वहाँ से जाने दिया। माँ एवं उनका दल, लुटेरों के सामने से सुरक्षित आगे बढ़ गया।

कैलाश पर्वत के निकट, मानसरोवर झील पहुँचने पर भाई जी के चित्त में वैराग्य का भाव उदित हुआ तथा उन्होंने माँ से विनयपूर्वक अपना शेष जीवन निकट ही किसी कंदरा में तपस करते हुए व्यतीत करने की अनुमति मांगी। उनकी गहन, लालसा पूर्ण याचना सुन माँ के श्री मुख से स्वतः सन्यास मंत्र स्फुटित होने लगे। माँ ने उन्हें मौनानन्द पर्वत नाम प्रदान करते हुए, यात्री दल के मध्य ही रहने हेतु निर्देशित किया।

दिवस पर्यन्त विशाल एवं रमणीय मानसरोवर झील का नैकट्य, दूरस्थ, अलौकिक एवं विराट कैलाश शिखर का दर्शन, तथा दिव्यता से परिपूर्ण वायु मंडल का सभी के ऊपर गहरा प्रभाव पड़ा। भोलानाथ जी माँ के संग चल रहे थे। अपनी अभ्यन्तर अन्तः कामना के अनुरुप उन्होंने इस समय माँ के मुख से स्वतः प्रसूत सन्यास मंत्र प्राप्त किया। तद्नन्तर इसी मंत्र से हरिद्वार में उन्होंने विधिवत् सन्यास दीक्षा ग्रहण की।

कैलाश पर्वत की प्रदक्षिणा सम्पन्न करने के पश्चात वे अलमोड़ा लौटे। मार्ग में भाई जी अत्यंत गंभीर रुप से अस्वस्थ हो गये तथा अलमोड़ा पहुँचने पर स्थिति और चिन्ताजनक हो गई। चिकित्सकों से परामर्श लिया गया तथा सतत् उनके निकट रहते हुए माँ स्नेहपूर्वक उनकी सुश्रुषा करती रहीं। अन्तिम क्षणों में उन्होंने सन्यास मंत्र का उच्चारण करते हुए माँ के मुख मण्डल पर दृष्टि टिका दी तथा 'माँ'-'माँ' कहते हुए शांतिपूर्वक चिर निद्रा की गोद में समा गये।

हरिद्वार कुंभ मेला

सन् 1938 में माँ अपने भक्तो के संग कुंभ मेले में हरिद्वार पधारीं। वहाँ भोलानाथजी नित्यप्रति प्रातः काल कीर्तन मण्डली को लेकर नगर की गलियों में प्रभात फेरी पर निकलते थे। उनके प्रभावशाली व्यक्तित्व एवं उत्साह पूर्ण भक्ति भाव से जनसमूह आकर्षित हो जाता तथा अन्य तीर्थयात्री भी कीर्तन में सम्मिलित हो जाते थे।

कुंभ मेले की अवधि में, विशेष पर्व स्नान के समय भोलानाथजी जब गंगा तट गये तो यह देख कर अचम्भित रह गये कि वहाँ एकत्रित साधुओं के एक वृहद् समूह ने उनका श्रद्धापूर्वक स्वागत किया तथा सब ने मिलकर उन्हें विधिवत् स्नान भी करवाया। इस घटना का विवरण सुनकर माँ ने कहा *"भोलेनाथजी स्वविस्मृति में जीते हैं, किन्तु उन साधुओं ने उनकी आध्यात्मिक महानता को पहचान लिया।"* भोलानाथजी ने इसी अवधि में विधिपूर्वक शास्त्रोक्त रीति से सन्यास ग्रहण किया।

हरिद्वार से प्रस्थान करने के कुछ समय पश्चात् ही भोलानाथजी चेचक से ग्रस्त हो गये। उन्हें स्वास्थ्य लाभ हेतु देहरादून आश्रम ले जाया गया। संक्रमण के भय से अधिकतर आश्रमवासियों को माँ ने वहाँ से अन्यत्र भेज दिया। स्वयं माँ भोलानाथजी के अन्तिम समय तक उनकी

सेवा-सुश्रुषा करती रहीं। भोलानाथजी ने अनजाने में माँ के प्रति हुई किसी भी त्रुटि हेतु क्षमा याचना करते हुये 'माँ' सम्बोधन का उच्चारण किया। माँ ने अपना हस्तकमल भोलानाथजी के ब्रम्हरंध्र पर रखा, तथा इस प्रकार माँ की छत्रछाया में वे महाप्रयाण को प्राप्त हुये। तद्नन्तर यह प्रश्न पूछे जाने पर कि माँ अपने पति के देहावसान से शोकग्रस्त क्यों नही हुई? माँ का उत्तर था *"मैं शोकाकुल कैसे हो सकती हूँ? उनकी आत्मा कहाँ है, कहॉ गई है, यह मैं स्पष्ट रूप से देख सकती हूँ।"*

माँ की मातुश्री मोक्षदा सुन्दरी देवी अत्यन्त धर्मशीला एवं असाधारण व्यक्तित्व की धनी थीं। अनेक वर्ष संयम पूर्वक ध्यान साधना में रत रहने के परिणामस्वरूप वे उच्च आध्यात्मिक अवस्था में स्थित थीं। सन 1939 में सन्यास दीक्षा ग्रहण करने के पश्चात् उन्होंने स्वामी मुक्तानन्द गिरी नाम धारण किया। किन्तु भक्तगण उन्हें पूर्वानुसार "दीदी माँ" कहकर ही सम्बोधित करते थे।

सन्यास ग्रहण के पश्चात् वे माँ के साथ भ्रमण करते हुये माँ की लीला मे महती भूमिका निभाने लगीं। भोलानाथ जी के देहत्याग के पश्चात् वे माँ की उपस्थिति में भक्तों को दीक्षा प्रदान कर, गुरु के रूप में उन्हें आध्यात्मिक पथ प्रदर्शन करती थीं।

दर-दर घूमते तीर्थयात्रीगण

भक्तों की हृदयगत् पुकार से प्रेरित होकर माँ की निरन्तर यात्राओं का क्रम प्रारम्भ हुआ। अनेक माह पर्यन्त केवल बृजमोहिनी दीदी (एक सन्यासिनी) को संग लेकर माँ अज्ञात रूप से यात्रा पर जाती रहीं। दोनों परिव्राजक यात्री द्रव्य अथवा अन्य किसी भी सामान के बिना यात्रायें करते रहे। राह में जो भी उनके समक्ष आता, वह उनकी आनन्दमय व उत्प्रेरक उपस्थिति मात्र से आशीर्वाद पाता था। दूसरी ओर अन्य अवसरों पर माँ दिन-रात भक्तों से घिरी रहती थीं। माँ के प्रति अपना श्रद्धा-प्रेम व्यक्त करते हुये सभी भक्त मार्गदर्शन प्राप्त करते थे। अनेक अवसरों पर माँ चौदह-पंद्रह घण्टे सतत् एक ही स्थान पर बैठे हुये आनन्दित हो आगन्तुकों के उस प्रवाह में प्रत्येक व्यक्ति से प्रेमपूर्वक भेंट करतीं किन्तु मुख पर क्लान्ति का लेशमात्र भी लक्षण नहीं झलकता था। माँ के निकटस्थ सेवक विश्रान्ति समय का ध्यान रखते हुये, श्रद्धालुओं के उस प्रवाह को थामने का असफल प्रयास करते हुये, माँ से प्रश्न करते कि क्या माँ को निरन्तर आने वाले इस जन समूह से कष्ट नही होता? इस पर माँ उत्तर देती *"तुम्हारे अपने हाथ से यदि तुम्हारे पाँव अथवा शरीर के अन्य भाग का स्पर्श हो जाये तब क्या कष्ट होता है। मेरे लिये केवल 'एक' अस्तित्व है, अन्य सभी उसी के भिन्न-भिन्न रूप हैं। तुम और मैं सब एक ही हैं। हमारे मध्य का आकाश भी मैं ही हूँ।"*

भक्त हृदय की आर्त पुकार को सुनकर माँ की अनायास ही किसी स्थान विशेष की ओर प्रस्थान करने की अनेकानेक घटनायें घटित हुई हैं। समुद्रतटीय 'पुरी' नगर के निवासी एक वृद्ध, अशक्त साधु, माँ के दर्शन को अत्यन्त लालायित रहते थे किन्तु अपनी आयु व क्षीण-शक्ति के कारण यात्रा करने में असमर्थ थे अतः माँ के प्रति केवल हृदय में ही प्रार्थना कर लेते थे। दूरस्थ स्थान में भ्रमण करते हुये माँ सहसा अपने कार्यक्रम में परिवर्तन कर 'पुरी' पधार आईं। अनायास माँ को अपने कक्ष में प्रवेश करते देख वे साधु अचम्भित रह गये। उनकी शय्या के निकट बैठ कर माँ लम्बे समय तक उनसे वार्तालाप करती रहीं।

एक अन्य समय माँ एक धार्मिक उत्सव में विराजित थीं। अकस्मात् उठ कर वे मण्डप से बाहर जाने लगीं। दीदी तथा एक दो अन्य अनुयायी भी माँ के पीछे-पीछे बाहर आ गये। माँ सीधे रेल्वे स्टेशन पर पहुँचकर सामने खड़ी रेलगाड़ी में चढ़ गईं। गाड़ी के प्रस्थान करने के कुछ समय पश्चात् माँ एक छोटे स्टेशन पर उतर गईं। (सामान्यतः यह रेल गाडी उस स्थान पर नहीं ठहरती थी) तीव्र गति से चलते हुये माँ नगर के मध्य में स्थित एक धर्मशाला में पहुंची, वहाँ किसी से निर्देश पूछे बिना सीधे एक कक्ष में प्रविष्ट हो गईं। विभ्रमित से माँ के साथ आये सभी व्यक्ति भी माँ के पीछे-पीछे चल रहे थे। धर्मशाला के उस कक्ष में एक महिला शय्या पर बैठी करूण विलाप कर रही थी। माँ ने स्नेह पूर्वक उससे कहा *"विलाप मत करो, देखो मैं आ गई हूँ।"* आश्चर्यचकित महिला के शोकाश्रु आनन्द एवं कृतज्ञता के अश्रुओं में परिवर्तित हो गये। कुछ शान्त होने पर उसने दीदी को बताया कि वह इस नगर में माँ के आगमन का समाचार पाकर यहाँ आई थी। किन्तु माँ किसी दूरस्थ स्थान पर हैं, ऐसा ज्ञात होने पर वह इस कमरे में एकाकी बैठ कर शोकाकुल हो आंसू बहाते हुए आर्त्तभाव से, माँ को पुकार रही थी। माँ के समक्ष देश, व काल का कोई अस्तित्व नहीं है वे भक्त की हृदयगत, आर्त पुकार का सदैव प्रत्युत्तर देती हैं। माँ कहती हैं, *"तुम्हारा दुःख, तुम्हारी पीड़ा, तुम्हारा संताप मेरा ही दुःख है। यह शरीर सब कुछ समझता है।"* (माँ प्रायः स्वयं को "यह शरीर" कहकर इंगित करती थीं। उन्हे ईश्वर से भिन्न अपने अस्तित्व का भान कदापि नही था)

आनन्दमयी माँ एक धार्मिक समारोह में अपने भक्तों का स्वागत करते हुए

माँ की महात्मा गांधी से भेंट

स्वाधीनता संग्राम (1940) के उथल-पुथल भरे वर्षों में अनेक स्वतन्त्रता सेनानी माँ से आशीर्वाद लेने हेतु उपस्थित होते थे। यद्यपि माँ ने स्वयं कभी राजनीति में प्रवेश नहीं किया किन्तु आगन्तुक प्रार्थियों को प्रोत्साहित करते हुये कहतीं कि जब ईश्वर ने उन्हें इस उच्च आदर्श की ओर प्रेरित किया है, तब वह उनके माध्यम से अपना संकल्प अवश्य पूर्ण करवा लेंगे।

सन 1941 में महात्मा गांधी के निकट सहयोगी सेठ जमनालाल बजाज माँ से भेंट करने आये। वे अल्प समय के लिए आये थे किन्तु माँ से इतने प्रभावित हुये कि माँ के सन्निकट अधिक समय तक ठहरने की अनुमति प्रदान करने हेतु गांधीजी से तार द्वारा निवेदन किया। वे माँ के प्रति पूर्णतः समर्पित हो गये थे तथा माँ की सन्निधि में अनुभूत शान्ति को छोड़कर लौटना नही चाहते थे। कुछ समय पश्चात् माँ ने उन्हे अपने जीवन में साधना की निरन्तरता बनाये रखने सम्बन्धित निर्देश देते हुये, महात्मा गांधी के लिये शुभ संदेश सहित अपना कार्य अग्रसर करने हेतु पुनः वर्धा भेज दिया।

श्रीमती कमला नेहरू तथा जमनालालजी के अथक प्रयास से माँ एवं महात्मा गांधी के मध्य भेंट की व्यवस्था की गई। गांधीजी के कक्ष में प्रविष्ट होते ही माँ पुकार उठीं *"पिताजी आपकी पागल लड़की आपसे भेंट करने आई है।"* गांधीजी ने बाँहे फैलाकर माँ का स्वागत किया तथा माँ का हाथ अपने हाथों में लेकर लम्बे समय तक दोनों, प्रसन्न मुद्रा में परस्पर वार्तालाप करते रहे। गांधीजी ने माँ से कुछ और समय ठहरने का आग्रह किया किन्तु माँ ने केवल विनोदपूर्ण स्मित से उत्तर दिया। बातचीत के मध्य एक बिन्दु पर माँ ने गम्भीर स्वर में गांधीजी से कहा *"उपयुक्त समय पर उपस्थित होकर मैं आपको ले जाऊँगी।"* प्रस्थान के समय में गांधीजी ने उलाहने भरे स्वर में माँ से कहा *"तुम लुटेरे की भांति मेरा ह्रदय चुराने आई हो।"* माँ ने हँसते हुये उत्तर दिया *"मैं तो आपका सर्वस्व लूट लूंगी, अनुमति है?"* मृदु स्वर में गांधीजी ने उत्तर दिया "ऐसी चोरी एक दुर्लभ सम्पत्ति है।" तदनन्तर माँ ने गांधीजी के सेवक को संदेश भिजवाया *"महात्माजी से तैयार रहने को कह देना। अब घर जाने का समय निकट है।"*

1948 में गांधीजी की हत्या के कुछ समय पूर्व एक अवसर पर पुनः माँ एवं गांधीजी की भेंट हुई। उन्होने पुनः माँ से परिव्रजन त्याग कर उनके समीप रहने का आग्रह किया। माँ ने फिर कृपापूर्ण शब्दों में उनसे कहा। *"पिताजी विश्वास करिये मैं सदा आपके समीप हूँ।"* भारतीय लोकतन्त्र के सभी निर्वाचित नेता कभी न कभी माँ के दर्शन एवं आशीर्वाद प्राप्ति हेतु माँ के समक्ष उपस्थित हुये हैं।

माँ साधुओं की संगति में

इस समय तक प्रतिष्ठित सम्प्रदायों तथा मठों से सम्बन्धित कुछेक साधु-सन्त ही माँ से भेंट हेतु आये थे। ये साधु अपने कट्टरपंथी दृष्टिकोण के कारण माँ को बहुधा एक बंगाली विधवा के रूप में देखते थे। उस समय के महान् संत श्री प्रभुदत्त जी, ब्रह्मचारी माँ का अत्यधिक सम्मान करते थे तथा हिन्दुत्व के आदर्श माने जाने वाले अग्रणी पंक्ति के सन्त समुदाय के सम्मुख माँ का परिचय करवाने की कामना रखते थे। उन्होंने सन 1944 में झाँसी स्थित अपने आश्रम में साधु-सन्तों एवं धर्मगुरुओं का एक विशाल समागम आयोजित किया। इस समागम के एक सप्ताह पूर्ण होते-होते सभी ने अनुभव किया कि जिस उत्कृष्ट आध्यात्मिक उपलब्धि के लिये वे प्रयासरत थे, वह उनके समक्ष माँ के मूर्तरूप में विद्यमान है। अनेक प्रख्यात संत माँ के अन्तरंग अनुयायी और भक्त बन गये। इन्हीं में कुछ विशिष्ट संत थे 'बांध' के प्रिय हरिबाबा, श्री उड़िया बाबा तथा वृन्दावन के स्वामी अखण्डानन्द जी। इस सम्मेलन के पश्चात् अनेक संत महात्मा माँ के आश्रमो में होने वाले उत्सवों में सम्मिलित होने लगे। आगे चलकर विराट् सन्त समूह के द्वारा माँ को कुंभ मेलों में आमन्त्रित कर उन्हें वहां विशिष्ट स्थान दिया जाता था।

भोलानाथ के साथ आनन्दमयी माँ (बाएं) और स्वामी परमहंस योगानंद

सावित्री महायज्ञ

सन 1947 में सांस्कृतिक एवं राजनीतिक उथल-पुथल प्रारम्भ होने लगी थी। इस समय माँ को लगा कि विश्व कल्याणार्थ विपुल मात्रा में ऊर्जा एवं दिव्य कृपावृष्टि के संचार हेतु एक महायज्ञ आयोजित किया जाना चाहिये। अन्ततः इस भाव का क्रियान्वयन वाराणसी आश्रम में सम्पन्न 'सावित्री महायज्ञ' से हुआ। विशुद्ध वैदिक विधि का पालन करते हुये, मन्त्रोच्चारण के मध्य, अग्नि देव को विशुद्ध गौघृत एवं शाकल्य की आहुतियाँ प्रदान करते हुये दिव्य कृपा व ऊर्जा शक्ति का आह्ववाहन किया जाना यज्ञ कहलाता है।

मानव मात्र के कल्याणार्थ किये जाने वाले इस यज्ञ हेतु अत्यन्त तेजोमय गायत्री मन्त्र का चयन किया गया। यद्यपि इस अनुष्ठान का आयोजन सामान्य स्तर पर प्रारम्भ किया गया था किन्तु शीघ्र ही आभास होने लगा कि मानो यज्ञ के सभी आवश्यक घटक स्वयमेव प्रस्तुत होते जा रहे हैं। अनेकानेक भक्तगण भी स्वेच्छा से अपनी सेवायें दे रहे थे। माँ स्वयं अनुष्ठान के धार्मिक संस्कार निष्पादन में विशेष रूचि ले रही थीं। आगामी तीन वर्षों में समय-समय पर वाराणसी पधारकर माँ यज्ञ कार्य का निरीक्षण करते हुये आवश्यक निर्देश देती रहीं। जैसे-जैसे समय

व्यतीत होता गया, यज्ञ के परिमाण एवं ऊर्जा शक्ति में वृद्धि होती चली गई। इस महायज्ञ के निर्विघ्न सम्पादन में सहायक विविध कार्यों संपूर्ण आश्रम के (प्रसाद का निर्माण, आश्रम सुसज्जित करना आदि) में संलग्न सेवकों का मानों एक नगर सा बन गया।

14 जनवरी सन् 1950 के शुभ दिवस इस महायज्ञ की पूर्णाहुति सम्पन्न हुई। अनेक प्रतिष्ठित संत महात्माओं सहित हजारो भक्त इस आयोजन के सहभागी बने। ऐसा मत है कि इन तीन वर्षों में इस वैदिक अनुष्ठान के परिणाम स्वरूप प्रसारित महान् ऊर्जा, भारत की स्वतन्त्रता के पूर्व एवं पश्चात् के वर्षों में स्थिरक तत्व का कार्य करने के साथ ही, द्वितीय महायुद्ध के कठिन समय में सम्पूर्ण संसार के लिये भी सहायक तत्व बनी।

अनुगृह की उपस्थिति में

माँ के सान्निध्य में वह कौन सी अनुभुति थी जो लोगों को पुनः-पुनः माँ के निकट आने को बाध्य करती थी?

उन्हें माँ के स्वरूप में अपनी गहनतम अपेक्षाओं एवं कामनाओं के समाधान प्राप्त होते थे। माँ के सम्मुख बैठे हुये सौ व्यक्तियों में भी, यदि माँ के संग सूक्ष्म संयोजन हो, तो प्रत्येक व्यक्ति को अनुभूत होता मानों माँ का ध्यान उस पर ही केन्द्रित है, तथा वह माँ का प्रेम प्राप्त कर रहा है। माँ के समक्ष बैठने मात्र से चित्त जागृत हो उठता था तथा समूचा चेतनातन्त्र सजग होकर एक आन्तरिक आनन्द व प्रसन्नता से भर जाता। माँ जहाँ भी रहतीं, हर समय नामसंकीर्तन एव शास्त्र पठन की ध्वनियों से उत्सव का सा वातावरण निरंतर बना रहता था।

माँ भक्तों के साथ जब कभी किसी गाँव में जातीं तो भक्तगण कीर्तन प्रारम्भ कर देते। धीरे-धीरे ग्रामवासी भी कीर्तन में सम्मिलित हो जाते तथा देव स्थान पर पहुंचने तक सारे गाँव में मानो उत्सव जैसा वातावरण निर्मित हो जाता था। नवद्वीप, (बंगाल) में एक समय माँ अपने अनुयायियों के संग टहल रही थी। एकाएक वे स्थानीय पुलिस थाने की ओर जाने लगीं। वहाँ पहुचने पर माँ को देख, अधिकारी ने बाहर

आकर, अत्यन्त प्रसन्न होते हुये माँ का स्वागत किया। उन्होंने स्वीकार किया कि वे माँ के दर्शन हेतु आतुर थे किन्तु सरकारी कार्यवशात् नही आ पा रहे थे। थाने के सामने से गुजरते हुये कुछ ग्रामवासियों ने माँ एवं उनके अनुयायियों को थानें में बैठा देखकर पूछा, "माँ क्या इन्होनें आपको बंदी बना लिया है?" विनोदपूर्ण उत्तर देते हुये उन अधिकारी ने ऊँची आवाज में कहा "हाँ। मेरा मन व हृदय चुराने के कारण मैंने इनको बंदी बनाया है।"

माँ के इस प्रकार सतत् भ्रमण का कारण पूछने पर माँ कहतीं कि देखने वाले को ही वे भ्रमण करती हुई दृष्टिगोचर होती हैं। स्वयं उनके लिये तो यह भ्रमण मानो अपने घर के एक कक्ष से दूसरे कक्ष में जाने के समान है। अतः वास्तव में भ्रमण है ही नहीं।

माँ के किसी स्थान पर, अल्प प्रवास एवं सान्निध्य से ही, वहाँ के लोगों के हृदय माँ से इस प्रकार जुड़ जाते कि वहाँ से जैसे-जैसे माँ की ट्रेन प्रस्थान करती, वे भाव विहल होकर अश्रु बहाते हुये माँ को विदा देते। किन्तु इस अनुभव से माँ अपने निकट आने वाले भक्तों को एक अमूल्य सीख दे जातीं कि: "मानव के अज्ञान एवं कष्ट का मूल कारण ईश्वर व आध्यात्म के प्रति अपनी उदासीनता तथा भौतिक वस्तुओं के प्रति अपना स्वार्थपूर्ण आग्रह ही है।" शास्त्राध्ययन से प्राप्त यह ज्ञान कि, "हमें अपने चित्त को अपने स्व-निर्मित संकीर्ण संसार से हटाकर ईश्वर की ओर मोड़ देना चाहिये," हमारे जीवन में तब तक उपयोगी सिद्ध नहीं होगा जब तक कि वह हमारा अपना अनुभव नहीं बन जाता।

किन्तु भक्त तो केवल इतना ही जानते थे कि माँ उनमें एक सशक्त व गूढ़ भाव जागृत कर देती हैं। वे हर समय माँ के निकट ही रहना चाहते थे। माँ की उपस्थिति मात्र, सब में ईश्वर प्रीति का भाव जागृत कर देती थी। माँ कहतीं, *"सत्य की खोज ही वह एक वस्तु है जिससे मानव जीवन का प्रारूप प्रेरित होना चाहिये। सच्ची जिज्ञासा स्वयमेव पूर्णता का मार्ग प्रशस्त कर देती है।"*

माँ अपने प्रस्थान से उन्हें शोकाकुल छोड़ कर उनमें ईश्वर के प्रति व्याकुलता उत्पन्न कर देतीं व उन्हें ईश्वर प्राप्ति हेतु लालायित कर देतीं। इसके लिये किसी उपदेश अथवा शास्त्र वचनों की आवश्यकता नहीं थी। माँ की प्रेमपूर्ण उपस्थिति मात्र से लोग अपनी सांसारिक संतुष्टि की निद्रा से झकझोर दिये जाते तथा हृदयगत भाव से माँ का अनुसरण करते।

आचरण द्वारा उपदेश

सन 1952 में श्री माँ के निर्देशानुसार वाराणसी में प्रथम संयम सप्ताह का आयोजन किया गया। माँ ने आदेश दिया था कि साधकगण एक दिन एकान्त साधना में व्यतीत करने का प्रयास करें। इस साधना दिवस की रूपरेखा साधक स्वयं सुनिश्चित करें तथा वाणी का संयम अथवा पूर्ण मौनव्रत रखते हुये सात्विक-संयमित आहार ग्रहण करें तथा अपना अधिकतर समय चिन्तन, मनन व ध्यान में व्यतीत करें। माँ कहतीं कि इस प्रकार संयमित रहने से सांसारिक आदतें व वृतियाँ शिथिल हो जायेंगी तथा सयंमित जीवन ही हमारा स्वाभाविक जीवन बन जायेगा। इससे हमारा आध्यात्मिक जीवन सशक्त होगा। साधकों नें इसे सहर्ष स्वीकार किया व सभी के आग्रह पर माँ ने इसे सामूहिक साधना सप्ताह का स्वरूप देने की अनुमति प्रदान की। तद्नन्तर इसे वार्षिक आयोजन बना दिया गया तथा माँ स्वयं इसमें पूर्ण रूप से रूचि लेते हुये नित्य नियमों के अनेक बिन्दुओं की रूप रेखा भी निर्धारित करने लगीं। संयम सप्ताह में साधकों के लाभार्थ प्रवचन हेतु अनेक महात्माओं को आमंत्रित किया जाता था तथा समाज के प्रत्येक वर्ग के साधक इस आयोजन में सम्मिलित होते थे। प्रारम्भ में सुख-सुविधाओं के आदी उच्च सम्पन्न वर्ग के साधक इस साधारण दिनचर्या के प्रति सशंकित थे किन्तु उन्होंने अनुभव किया कि वे न केवल सप्ताह

पर्यन्त संयम पालन में सफल हुये अपितु माँ की सन्निधि के प्रभाव से अनेक कठोर नियमों के पालन में भी सफल हुये तथा इसका लाभ एवं आनन्द भी प्राप्त किया। इस प्रथम संयम सप्ताह के पश्चात् ही उन्हें अपनी साधनाओं में वृद्धि करना सुगम प्रतीत हुआ। शीघ्र ही संयम सप्ताह ने एक विशाल वार्षिक उत्सव का स्वरूप धारण कर लिया तथा आज भी अनेक साधकों की सहभागिता सें माँ के अनेक आश्रमों में आयोजित किया जाता है।

माँ न किसी 'नवीन' मार्ग के विषय में कहतीं, न ही कोई विशेष संदेश देतीं। वे सदैव परम्परागत सनातन पथ को ही महत्व देतीं तथा शास्त्र में पूर्ण निष्ठा व धार्मिक अनुष्ठानों का अनुमोदन करती थीं। माँ ने अपने स्वयं के जीवन से दृष्टान्त देते हुये समाज एवं अध्यात्म दोनों क्षेत्रों में महिलाओं की भूमिका के लिये नये द्वार खोले। महिलाएँ माँ के निकट निःसंकोच प्रवेश पाती थीं तथा निकट सान्निध्य में रहकर माँ के निज सेवा के कार्य करने का अवसर भी पाती थीं। माँ ने अपने जीवन से दर्शाया है कि किस प्रकार जीवन के प्रत्येक चरण का निर्वहन उत्कृष्ट रूप से करना चाहिये जिससे कि वह ईश्वर प्राप्ति का सहज मार्ग बन जाये।

माँ जहाँ भी जातीं, महिलाओं के सार्वजनिक कीर्तन में सम्मिलित होने का अनुमोदन करतीं तथा पुरूषों से अपने पत्नियों को प्रत्येक आध्यात्मिक गतिविधि में सहभागी बनाने हेतु प्रोत्साहित करतीं। माँ ने महिलाओं के उपनयन संस्कार की प्राचीन पद्धति को पुनः प्रचलित कर बालक एवं बालिकाओं, दोनो को गायत्री मन्त्र प्रदान किया। माँ के अनुयायियों में कुछ महिलाओं को माँ ने उपनयन धारण करने का निर्देश भी दिया। माँ की देखरेख एवं मार्गदर्शन में, वाराणसी कन्या पीठ में शिक्षित कन्याओं ने अध्ययन में श्रेष्ठता का प्रदर्शन करने के पश्चात् सन्यास भी ग्रहण किया अथवा पूर्ण आत्मविश्वास व दक्षता से गृहस्थ जीवन में प्रवेश किया है। सामाजिक परिदृश्य में महिलाओं की भूमिका के महत्व पर तथा पुरूषों एवं महिलाओं के मध्य परस्पर सामंजस्य की आवश्यकता पर माँ सदैव बल देती थीं।

आनन्दमयी माँ की उपस्थिति में भक्तों ने असीम आनंद और लाभ पाया

माँ की छत्रछाया में

श्री माँ की अपने भक्तों पर नित्य विद्यमान छत्रछाया के अनेक वृतान्त सुनने में आते हैं। एक दिन संध्या के सत्संग में विलम्ब से उपस्थित हुये एक परिवार के सदस्यों ने, माँ की अनुमति से अपनी आपबीती सुनाते हुये बताया कि दुर्गम पर्वतीय मार्ग से आश्रम की ओर आते हुये चालक से गाड़ी का संतुलन बिगड़ गया था जिसके कारण एक विकट मोड़ पर एकाएक गाड़ी एक विशाल चट्टान की ढलान पर से लुढ़कती हुई गहरी खाई की ओर जाने लगी। सभी परिवारजनों ने एक स्वर से 'माँ' पुकारा। उसी क्षण उन्होंने देखा कि गाड़ी को नीचे की ओर से दृढ़ता पूर्वक ऊपर धकेलते हुये, आकाश में माँ का स्वरूप प्रकट हुआ तथा गाड़ी मार्ग के ऊपर आकर थम गई।

एक अन्य व्यक्ति ने राजनीतिक उथल-पुथल के समय के अपने अनुभव का वर्णन करते हुये कहा कि वह अराजक तत्वों द्वारा बंदी बना लिए गए थे जो उन्हें अपने अड्डे पर एक कुर्सी से बांध कर उन्हीं के समक्ष उनकी हत्या करने एवं मृत देह को नष्ट करने की योजना बना रहे थे। किन्तु जैसे ही वे मारने हेतु उसके समीप आने लगे, उस व्यक्ति ने आर्त हो कर माँ को प्रार्थना की। अकारण ही वे भयाक्रान्त हो जडवत् हो गये, तथा तत्काल बंधन खोलते हुये बिना कोई हानि पहुँचायें उसे मुक्त कर दिया।

एक भक्त गंगा स्नान करते हुये प्रवाह में बह गये थे। उस समय दूरस्थ स्थान पर माँ आश्रम में अपने कक्ष में विराजित थीं। ठीक उसी क्षण माँ के वस्त्र अचानक ऐसे भीग गये मानो अभी-अभी स्नान किया हो। दीदी ने तुरंत माँ के वस्त्र बदलवा दिए किन्तु आगे भविष्य में इसके पीछे के रहस्य को जानने हेतु उस घड़ी को अंकित कर लिया। तत्पश्चात् जब उस भक्त ने अपने बह जाने एवं चमत्कारिक रूप से सुरक्षित बच जाने की घटना के सम्बन्धित दिन व समय का उल्लेख किया, तब दीदी ने पाया कि वह ठीक वही क्षण था जब माँ के वस्त्र रहस्मय ढंग से भीग गये थे।

एक अन्य भक्त 'स्वामी विरजानन्द' का एक निर्जन पर्वतीय पथ पर बाघ से सामना हो गया किन्तु वे बच निकले। कुछ समय पश्चात् उसी पथ पर माँ के संग जाते हुए, उक्त घटना स्थल पर पहुँचते ही अनायास माँ ने पूछा *"यह वही स्थान है न जहाँ बाघ तुम्हारे ऊपर आक्रमण करने वाला था?"* स्वामी जी अचम्भित रह गये क्योंकि उन्होंने उस घटना का उल्लेख किसी अन्य व्यक्ति से नहीं किया था। माँ को इस घटना के विषय में कैसे ज्ञात हुआ यह पूछने पर माँ ने सहजता से उत्तर दिया *"तुम नहीं जानते, यह शरीर हर समय तुम सब के समीप रहता है?"*

एक दिन सांध्य कीर्तन में, एकाएक माँ ने अनेक सेवकों को बुलवाकर तत्काल कुछ खपच्चियाँ, पटिटयाँ, गर्म जल तथा अन्य चिकित्सकीय सामग्री लाने का आदेश दिया। समस्त वस्तुयें माँ के सम्मुख एकत्रित हो जाने पर पुनः कीर्तन प्रारम्भ हो गया। अचानक वहाँ एक भक्त को लाया गया जो आश्रम आते समय मार्ग में दुर्घटना में गम्भीर रूप से घायल हो गया था। माँ की देख रेख में उसकी मरहम-पट्टी करने के पश्चात् चिकित्सक को बुलवाया गया। उन्होने उसे देख कर कहा कि, रोगी की परिचर्या इतनी निपुण ढंग से की गई थी कि अब उनके लिये कुछ करना शेष नही बचा था।

विलायत के एक भक्त ने अपने संस्मरण में उल्लेख किया है कि एक दिन रात्रि के समय उन्होंने अपनी किसी निजी समस्या के सम्बन्ध में माँ को पत्र लिखने का निश्चय किया और अपने मन में उसका प्रारूप निश्चित कर प्रातः पत्र लिखने का विचार किया। उनके आश्चर्य का ठिकाना नही रहा जब रात्रि में विचार की गई समस्या का समाधान प्रातः काल, माँ के आदेश से कुछ सप्ताह पूर्व लिखित पत्र से उन्हे प्राप्त हो गया।

एक समय एक परिवार माँ के दर्शन करने के पश्चात् घर लौट रहा था। मार्ग में उनकी गाड़ी दुर्घटनाग्रस्त होकर नदी की ओर फिसलने लगी। उनकी पुत्री ने माँ की दी हुई पुष्पमाला को हृदय से लगाते हुये कहा "हमारे पास माँ की माला है इसलिये हमारे ऊपर कोई विपत्ति नही आ सकती।" विकट परिस्थिति से निकलकर वे सुरक्षित अपने मार्ग पर चल पड़े तथा समय के साथ उन्हें इस घटना का स्मरण भी नहीं रहा। लगभग छः वर्ष व्यतीत हो जाने पर वे पुनः सपरिवार माँ के दर्शनार्थ आये। माँ के चरणों में प्रणाम करते समय माँ ने उस कन्या की ओर देखते हुये कहा, *"अहा, तुम वही हो न जिसने कहा था, 'हमारे पास माँ की माला है सो हम पर कोई विपत्ति नहीं आ सकती है।'"*

माँ की करूणा-कृपा का कोई पार नहीं है। माँ के एक आश्रम में एक अन्तःवासी युवक अपने व्यवहार के कारण अत्यधिक समस्या उत्पन्न कर रहा था। अन्ततः आश्रमवासियों को स्थिति के निवारण हेतु माँ से निवेदन करना पड़ा। माँ ने उस युवक सहित सभी आश्रम वासियो को स्थिति के निराकरण हेतु एकत्रित किया। सभी एक मत थे कि युवक को आश्रम से निष्कासित किया जाये। आश्रमवासियों की शिकायतें व निष्कासन का आग्रह सुनने के उपरान्त माँ ने युवक की ओर करूणा दृष्टि डालते हुये निर्णय दिया *"जब तुम सब इस निरीह बालक के विरूद्ध हो तब मैं भी ऐसा विरोधीभाव किस प्रकार रख सकती हूँ? इसे तो मेरे सहारे की और अधिक आवश्यकता है।"* इतना कहकर माँ ने युवक के माथे को अपने हाथ से सहलाया। युवक फफक कर रो पड़ा। माँ का दया

भाव देखकर आश्रमवासियों का युवक के प्रति ह्रदय परिवर्तन हो गया, तथा माँ के विशेष प्रेम से अभिभूत होकर युवक ने अपना व्यवहार सुधारा तथा अन्ततः एक आदर्श भक्त बना।

एक अन्य अवसर पर, अस्त-व्यस्त वस्त्रों में एक विक्षिप्त सा व्यक्ति सत्संग में माँ के समक्ष आया। सत्संग में उपस्थित महिलाओं के सिर पर साड़ी नहीं देख वह उन्हें इस त्रुटि के लिये फटकारने लगा। उसके शब्दों को सुनकर, स्वयं माँ ने अपने शीश पर साड़ी ओढ़ ली। यह देख कर अन्य महिलाओं ने भी माँ का अनुसरण किया। किन्तु ऐसा करने से भी वह व्यक्ति संतुष्ट नहीं हुआ तथा सत्संग में बाधा डालता रहा। माँ ने उसे प्रसादस्वरूप एक संतरा दिया परन्तु इससे वह ओर अधिक उत्तेजित हो गया तथा उसने वह संतरा माँ की ओर फेंका जो जाकर सीधा माँ को लगा। इससे कोधित होकर दर्शकों में बैठे कुछ पुरूषों ने उसे बाहर निकालने का प्रयास किया। वह पलटकर पुनः माँ की ओर जाने लगा। तब एक व्यक्ति ने उस पर हाथ से प्रहार कर सत्संग कक्ष से बाहर निकाल दिया। यद्यपि उन्होने व्यवस्था बनाये रखने तथा उस व्यक्ति की अभद्रता के कारण उसे निकाला था किन्तु माँ ने उनके इस कार्य के प्रति अप्रसन्नता व्यक्त करते हुये कहा कि "गेरे समीप आने से किसी को वंचित नही रखना चाहिये।" अगले दिन उसी व्यक्ति को पुनः वहाँ सत्संग में आया देख सभी आश्चर्यचकित रह गये। किन्तु आज वह वस्त्र सलीके से पहने हुये था तथा शांत भाव से सत्संग में बैठा था। बाद में उसने माँ को बताया कि अनेक वर्षों से वह किसी मानसिक रोग से ग्रस्त था तथा पहले दिन माँ के ऊपर संतरा फेंकने की घटना से अत्यधिक ग्लानि का अनुभव करते हुये दिन भर माँ का ही चिन्तन करता रहा था। इसीके फलस्वरूप वह अपने मानसिक रोग से मुक्त हो गया।

ऐसे अनेक दृष्टान्त देखे गये हैं जब माँ अपने भक्तों के देह त्याग व अन्तिम विश्राम के क्षण को शान्तिमय बनाने हेतु कृपा करते हुए उनकी मृत्यु शय्या के निकट पहुँच जाती थीं। एक अवसर पर एक वृद्ध महिला

को वाराणसी आश्रम के सत्संग भवन में लाया गया था। माँ के निर्देश पर उसे कक्ष के पृष्ठ भाग में भूमि पर लेटा दिया गया था। संध्याकाल की समस्त गतिविधियों के मध्य, समय-समय पर उसे पुकार कर माँ स्मरण कराती रही *"माता जी जप चल रहा है न?"* अन्त में माँ अचानक उठकर पीछे गईं तथा उस महिला पर अत्यन्त करूणामय दृष्टि डालते हुये उसकी देह पर गंगाजल छिड़का तथा उसके वक्षःस्थल पर पुष्पहार रखते हुये अपने हस्तकमल को उसके मस्तक से पाँव की ओर स्पर्श किया। उसी क्षण उस महिला ने अपनी अंतिम श्वास ली।

नैमिषारण्य ग्राम के आश्रम में माँ की अति प्रिय, अत्यन्त वृद्ध भक्त 'इन्दु माँ' निवास करती थीं। अस्वस्थ होने पर एक दिन रात्रि में उनकी स्थिति गंभीर हो गई। चिकित्सा हेतु उन्हें शहर ले जाने का निर्णय लिया गया। जैसे ही प्रस्थान हेतु व्यवस्था की जा रही थी, गाँ अचानक अपने कक्ष से बाहर पधारीं तथा *"इन्दु माँ"* कहती हुई आश्रम के मन्दिर के समक्ष जाकर बैठ गईं। कुछ ही समय पश्चात् जब इन्दु माँ को कुर्सी पर बैठाकर मोटर गाड़ी की ओर ले जाया जा रहा था तब माँ के सम्मुख ठहरने पर इन्दु माँ ने नेत्र उठाकर माँ की ओर निहारते हुये हाथ उठाकर प्रणाम किया तथा शान्तचित्त हो कर देह त्याग दी।

अव्यक्त का आह्वाहन

सावित्री महायज्ञ सम्पन्न होने के लगभग तीस वर्ष पश्चात सन् 1977 में माँ के निर्देशन में एक और वृहद् यज्ञ आयोजित किया गया। इस अतिरुद्र महायज्ञ का आयोजन हरिद्वार के निकट कनखल में स्थित माँ के आश्रम में किया गया था। इस महायज्ञ का प्रमुख उद्देश्य था, मानवजाति का समग्र उत्थान। महायज्ञ की सम्पूर्ण व्यवस्था माँ के आश्रम की ब्रह्मचारिणियों के द्वारा की गई थी। यज्ञ हेतु एक नवीन यज्ञशाला निर्मित की गई तथा यज्ञ का सम्पादन पूर्णतः शास्त्रोक्त नियमों का निर्वहन करते हुये किया गया। यज्ञ आयोजन की अवधि में ग्यारह दिवस पर्यन्त, हजारों की संख्या में श्रद्धालु यज्ञशाला के चारों ओर बनाये गये मार्ग पर एकादश हवन कुण्डों की सतत् प्रदक्षिणा करते रहे। श्रृंगेरी मठ के शंकराचार्य जी भी महायज्ञ में विशेष अतिथि के रूप में पधारे थे।

यज्ञ के कुछ समय पूर्व से माँ का स्वास्थ्य ठीक नही था और माँ का भाव भी अधिक अन्तर्मुखी होने लगा था। यद्यपि भ्रमण यथावत चल रहा था किन्तु, सर्वसाधारण के मध्य उत्सवों में माँ कम भाग लेने लगी थीं। कनखल में यज्ञ के पश्चात, शंकराचार्यजी ने माँ से स्वयं के स्वास्थ्य एवं देह के कायाकल्प की ओर अपना 'ख्याल' केन्द्रित करने

हेतु निवेदन किया जिससे माँ दीर्घ काल पर्यन्त भक्तगणों के समीप रह सके। माँ ने उत्तर दिया, *"पिताजी, यह जो आप देख रहे हैं, यह अस्वस्थता नहीं है। यह तो अव्यक्त का आह्वाहन है। यह जो कुछ घटित हो रहा है वह उसी आह्वान का प्रत्युतर है।"*

तदनन्तर माँ अपने देहरादून के किशनपुर आश्रम पर पधार गईं। चालीस वर्ष पूर्व भोलानाथजी ने इसी स्थान पर देह त्याग किया था। माँ पहले से ही अल्प मात्रा में आहार ग्रहण करती थीं किन्तु इस समय उनकी शक्ति शनैः-शनैः ओर अधिक क्षीण होने लगी थी। अनेक चिकित्सकों द्वारा जाँच करने पर भी किसी निश्चित् रोग का निदान नही हो पा रहा था। माँ अपने स्वास्थ्य के प्रति रत्ती भर भी रूचि नही दर्शा रही थीं। इस अवहेलना का कारण पूछने का प्रयास करने पर माँ कहतीं *"इसमें कोई रोग तो है नही, यह केवल व्यक्त एवं अव्यक्त का द्वन्द्व मात्र है।"*

माँ ने आहार पूर्णतः त्याग दिया तथा यदा-कदा किंचित् मात्रा में केवल जल ग्रहण करती थीं। माँ के एक अनन्य भक्त ने माँ से आग्रहपूर्वक निवेदन किया "माँ मैं जब तक आपको बैठा हुआ नहीं देख लूंगा तब तक अपने घर नही लौटुंगा।" उस समय माँ केवल मुस्कुरा दीं। किन्तु कुछ समय पश्चात् उन्होंने सेवा में उपस्थित भक्तों से अपने को शय्या पर बैठा देने का आदेश दिया। प्रस्थान करने के पूर्व जब वे भक्त माँ के सम्मुख आये तब उन्होंने माँ को शय्या पर विराजित, अपनी ओर दिलासापूर्ण एवं गम्भीर, अथाह करूणामय दृष्टि से निहारते हुये पाया। उन्हें उसी क्षण यह भान हो गया था कि यह माँ के स्वास्थ्य में सुधार का लक्षण न होकर अपने भक्तों की कामनाओं को पूर्ण करने के प्रति माँ की अविच्छिन्न अनुकम्पा थी।

प्रत्येक भक्त के हृदय में माँ के रोग निवारण की तीव्र अभिलाषा होने पर भी निकटस्थ प्रयाण काल के निश्चित लक्षण, दृष्टिगोचर होने लगे। एक बिन्दु पर माँ ने शिव के पंचाक्षरी मन्त्र का विपरीत उच्चारण

किया *"शिवाय नमः"* जो शैव मार्गी शास्त्रानुसार विघटन के आह्वान के विपर्यस्त उच्चारण का प्रावधान है। एक श्रद्धालु नें माँ से सभी भक्तों हेतु उपदेश प्रदान करने की याचना की। माँ के श्री मुख से अन्तिम उच्चरित शब्द थे *"तुम जहाँ भी रहो, स्वयं को एक निष्ठ साधना में पूर्णतः निमग्न कर दो।"*

सन 1982 में 27 अगस्त के दिन माँ ने देहरादून आश्रम में नश्वर देह का त्याग कर दिया। उस समय माँ की आयु छियासी वर्ष की थी। प्रतिष्ठित मठों एवं सन्यास आश्रमों के सदस्यों ने तुरन्त कार्यभार सम्हाल लिया। देहरादून से माँ की पार्थिव देह को हरिद्वार ले जाने हेतु मोटर गाड़ियों के काफिले की व्यवस्था कर दी गई। सम्पूर्ण मार्ग के दोनो ओर माँ के दर्शनार्थ पंक्तिबद्ध खडे श्रद्धालु माँ को अपना अन्तिम प्रणाम श्रद्धा सुमन अर्पित कर रहे थे। माँ की अनन्य भक्त, प्रधान मंत्री श्रीमती इन्दिरा गांधी ने स्वयं आकर अन्तिम संस्कार की व्यवस्थायें सुचारू रूप से संचालित करवाई। श्री माँ की पार्थिव देव को कनखल में विशेष रूप से निर्मित सगंमरमर की समाधि के भीतर आसीन कर दिया गया। दीर्घ काल पर्यन्त आज भी माँ के इस मनोहर समाधि स्थल "आनन्द ज्योति पीठम्" से उदभूत शान्ति एवं अनुग्रह की रश्मियों से समस्त संसार आलोकित होता है।

माँ के महाप्रयाण के पश्चात् श्रद्धालुओं को निरन्तर माँ के अविरत संरक्षण एवं मार्गदर्शन के अनुभव होते रहे हैं। भक्तों द्वारा अनेक अवसरों पर माँ की उपस्थिति का आभास अथवा स्वप्न में दिव्य दर्शन होते रहे हैं। जिन श्रद्धालुओं को माँ के साक्षात् दर्शन का सुअवसर प्राप्त नहीं हुआ था, उन्हे भी माँ की आराधना करते समय माँ की विलक्षण, अदभुत् उपस्थिति का भान व आकर्षण अनुभूत होता है। लिपिबद्ध की हुई माँ की वाणी तथा दर्शन, चिरकाल पर्यन्त शाश्वत रूप से प्रासंगिक एवं उत्प्रेरक हैं। माँ हमें कहती है *"मैं सदैव तुम्हारे समीप हूँ। कोई भी, कहीं भी मेरा अपना न हो, ऐसा कदापि सम्भव नहीं है।"*

आनन्दमयी माँ एक सत्संग में अपने भक्तों पर प्रसाद की वर्षा करते हुए

माँ के तात्विक उपदेश

माँ कहती है: *"यह शरीर सारी व्याधियों के लिये एक ही प्रमुख औषधि कहता है: ईश्वर। उन पर विश्वास रखो, उन पर निर्भर रहो। जो भी परिस्थिति आये उन्हीं की दी हुई मान कर स्वीकार करो। जो करो उनकी सेवा मान कर करो, सत्संग करो। प्रत्येक श्वास में उनका स्मरण करो और उन्हीं की सन्निध्य मे रहो। अपनी सारी समस्यायें उनके हाथों में सौंप दो. वे सब सम्हाल लेंगे: कोई समस्या शेष नहीं रहेगी।"*

"यह जो उनकी संरचना है, उन्हीं के विधान के अन्तर्गत है, उनकी विद्यमानता से है यूं कहो वस्तुतः वह स्वयं ही है। वे किसी को भी, किसी भी समय, जिस भी स्थिति में रखे, सब भले के लिये ही है क्योंकि वस्तुतः सभी कुछ उन्हीं के द्वारा नियोजित है तथा उन्हीं का है। सापेक्ष सुख, वह सुख है जो अन्य पर आश्रित हो उसका अन्त दुःख में ही होना पड़ेगा। मानव का धर्म है कि वह उस ईश्वर का ध्यान करे जो शान्ति का मूर्त रुप स्वरुप ही है। ईश स्मरण में सहायक वस्तु का आश्रय लिये बिना, शान्ति प्राप्त करना सम्भव नहीं है। इस संसार में कैसा जीवन है क्या तुमने देखा नहीं है? प्रेमास्पद केवल ईश्वर है। उन्हीं में सब है – तुम्हें उन्हीं को पाने का प्रयास करना चाहिये।

"मनुष्य के लिये केवल सर्वश्रेष्ठ और निष्कलंक आचरण का मार्ग ही स्वीकार्य होना चाहिये। यदि कोई अपने जीवन को इस मार्ग पर ढालने हेतु प्रयत्नशील होता है तो यह अत्यन्त ही हर्ष की बात है। केवल वे कर्म जो मनुष्य में अन्तर्निहित को जगाते है, कर्म कहलाने लायक है अन्य सभी अकर्म हैं – ऊर्जा का ह्रास मात्र है। आचरण का जो मार्ग मनुष्य में दिव्यता को जाग्रत कर उसे गतिमान न करे, उसका त्याग कर देना चाहिये, चाहे वह कितना भी लुभावना प्रतीत क्यों न हो। किन्तु जो आचरण मनुष्य में अन्तर्निहित दिव्यता को जाग्रत करने में सहायक हो उसे दृढ़ता से अपना लेना चाहिये चाहे वह अनाकर्षक ही क्यों न प्रतीत हो। मानव का धर्म है, आत्म ज्ञान प्राप्ति के लिये प्रयास करना, उसी की इच्छा रखना। इन्द्रियों को सुखकर लगने वाली वस्तुयें समयान्तर में विष के भण्डार बन जाती है तथा चित्त में उद्वेग व आन्तरिक विनाश उत्पन्न कर देती है क्योंकि वे मृत्यु के साम्राज्य से सम्बन्धित है।

"तुम जिस ओर भी दृष्टि डालोगे, उसी ओर एक शाश्वत् अविभाज्य अस्तित्व का ही व्यक्त स्वरुप पाओगे। परन्तु उसकी उपस्थिति को खोज पाना सरल नहीं है क्योंकि वह सभी में व्याप्त है। जिस प्रकार एक राजा अपनी भव्यता से पहचाना जाता है, अग्नि अपनी ऊष्णता से जानी जाती है, उसी प्रकार वह अव्यक्त जगत के रुप में व्यक्त होकर अपने को प्रकट करता है। समस्त सृजनात्मक सृष्टि की विषय वस्तु का विश्लेषण यदि गहराई से किया जाए तब उस खोज से जो निष्कर्ष निकलेगा वह यह है कि जो शेष रह गया, वह सभी जीवों में एक जैसा है तथा सबमें सम रुप से विद्यमान हैः जो है, वह है। और उसको ही 'शुद्ध चैतन्य' कहा जाता है।

"यदि इस नाम – रुपात्मक जगत् की विविधता के बीच रहते हुये तुम अपने सभी कार्यों को, इस ब्रह्मांड के परमपिता के निष्ठावान सेवक बनकर करने का सतत् प्रयास करते रहोगे तो तुम्हारे ह्दय में उनके प्रति प्रेम व समर्पण जाग उठेगा। फिर जैसे-तैसे अहंकार रुपी कारावास की बन्धनकारी दीवारें ध्वस्त होगी, तुम अपनी सत्य की खोज में और अधिक अटल और निष्ठावान होते जाओगे। तब फिर यह जो नानाविध

रुप तुम्हें दिखाई दे रहे हैं वह एक स्वरुप में समा जायेंगे तथा तुम्हारे भिन्न-भिन्न भाव एवं विचार, उस एक आनन्द के महासागर में निमग्न हो जायेंगे।

"ईश्वर विराट् स्वरुप में सभी जगह समाहित है – वृक्ष, पुष्प, पत्तियां, पर्वत, सागर इत्यादि। एक समय आयेगा, आना पडेगा, जब व्यक्ति उस एक सर्वव्यापक विश्वमय स्वरुप को वास्तव में अनुभव करेगा। उसके आकार व रुपों की विविधता असीम है, असंख्य है, अनन्त है। जैसे बर्फ जल के अतिरिक्त कुछ नहीं है, वैसे ही उस प्रियतम का न तो कोई आकार है और न ही कोई गुण है। अतः उसके प्रकट होने का प्रश्न ही नहीं उठता। जब यह बात समझ आ जाती है तो व्यक्ति स्वयं को भी समझ लेता है। इस प्रकार प्रियतम को पाना ही स्वयं को पाना है अर्थात् यह जानना कि ईश्वर मेरा ही आपा है, मेरे से पूर्णतः अभिन्न है और मेरा अन्तरम् है। हम जिसका आह्वान करना चाहते हैं, सर्वप्रथम उसके आत्मीय बनने के लिए, निरंतर उसका चिंतन, भजन, श्रवण करो, उसका दर्शन करो, उसका गुणगान करो अथवा वाणी से सद्चर्चा करो, तीर्थयात्रा करो, एकान्तवास करो या फिर सत्संग करो।

"ऐसी स्थिति प्राप्त कर लेने पर तुम उन्हें 'माता' या 'पिता' कहकर पुकार सकते हो,। उनके संग इस प्रकार का कोई संबंध स्थापित करना आवश्यक है क्योंकि किसी सुनिश्चित संबंध के अभाव में सांसारिक व्यक्ति निकटता का अनुभव नहीं कर पाता है। सांसारिक जीवन में तुम्हें स्वजनों से संबंध बनाने का अभ्यास है इसीलिये आध्यात्मिक जीवन में भी तुम्हें इसी प्रकार के किसी संबंध से बंधना पड़ेगा।

"संभव है, प्रारंभ में तुम्हारे अंदर गहरी श्रद्धा न हो परंतु निरंतर उनका जप करते हुए अथवा किसी अन्य विधि से तब तक उनका आवाहन करना सीखो जब तक वह तुम्हारी हर सांस में बस जाएँ।

"यद्यपि प्रेम का बंधन स्थापित हो चुका है परंतु फिर भी उसके लिए प्रार्थना, ध्यान या उसके नाम पर दिया दान तथा अन्य विधियाँ इस बंधन को दृढ़ रखने के लिए आवश्यक हैं। इस प्रकार उसका ध्यान तुम्हारा स्वभाव हो जाएगा जो मृत्यु पर्यन्त तुम्हें नहीं छोड़ेगा। इसी को ईश्वर से एकाकार होना कहते हैं।

"सुनो, अपना समय व्यर्थ न जाने दो। अपने साथ एक माला रखो या जप करो या यह संभव नहीं तो कम से कम निरंतर घड़ी की टिक-टिक की भाँति बिना रूके ईश्वर का नाम लेते रहो। इसके लिए कोई विशेष नियम कायदे नहीं हैं। जो भी नाम तुम्हें अच्छा लगे, उसी से अधिक से अधिक समय तक उसका आवाह्‌न करना अच्छा होगा। यदि तुम थक भी जाओं या तुम्हारी रूचि भी न हो तो भी दवाई की भाँति ईश्वर का नाम लो। इस प्रकार किसी शुभ घड़ी में तुम मानसिक जपमाला को जान जाओगे और तब फिर अपने भीतर अविरल संगीत की भाँति उस ईश्वर की स्तुति निरंतर सुन सकोगे और तुम्हें धरती, आकाश, सागर और स्वर्ग भी उनकी महिमा से गूंजते सुनाई देंगे। इसी को उस परमेश्वर के नाम की सर्वव्यापकता कहा जाता है।

"मानसिक जप निरंतर करते रहना चाहिये। एक भी श्वास व्यर्थ न जाए। जब भी कोई विशेष कार्य नहीं हो तब व्यक्ति को श्वास की लय से नाम जाप करते रहना चाहिए। वास्तव में तो जप का सतत् अभ्यास इस प्रकार चले कि वह श्वास-प्रश्वास की भाँति हमारे लिए एक सहज प्रक्रिया बन जाए।

"शास्त्राध्ययन व ज्ञानप्रद ग्रंथों का अध्ययन अत्यंत महत्वपूर्ण है। सदा सत्य वचन बोलो। ध्यान रहे भगवान का नाम स्वयं भगवान का ही एक रूप है। उसे अपना अभिन्न सहचर बना लो। पूरा प्रयत्न करो कि उनके बिना एक क्षण भी न रहो। जितनी अधिक तीव्रता व निरंतरता से उनके सान्निध्य में रहने का तुम्हारा प्रयास होगा, उतनी ही तुम्हारी प्रसन्नता व निर्मलता में वृद्धि होगी। जब तुम्हारा चित्त खाली हो जाए, तो कोशिश करो कि वह भगवान की उपस्थिति, उनके प्रति सजगता व उनके चिंतन से भर जाए।

"वह परमपिता परमात्मा, माता और परमबंधु-भगवान् वास्तव में वह सभी है। तब फिर उनकी कृपा का कोई कारण अथवा हेतु कैसे हो सकता है? तुम उनके हो और वे किसी भी मार्ग से तुम्हें अपनी ओर बुला सकते हैं। सभी मार्ग स्वयं को तुम्हारे सम्मुख प्रकट करने के लिए हैं। उन्हें पाने की जो इच्छा जागृत हुई है, वह तुम्हारे भीतर किसने डाली है? इस इच्छा की पूर्ति के लिए तुमसे प्रयास कौन करवाता है?

अतः तुम्हें इस निष्कर्ष को समझने का प्रयास करना चाहिए कि सभी का मूल स्त्रोत वही है। तुम्हारे भीतर जो भी शक्ति है, निपुणता है – बल्कि, तुम स्वयं भी – सब कहाँ से उत्पन्न होता है? और क्या सभी का लक्ष्य, अज्ञान के आवरण को नष्ट कर उसी एक को पाना नहीं है? जो कुछ भी विद्यमान है उस का स्त्रोत केवल एक वही हैं। तो फिर तुम्हें अपने को जानने का प्रयास करना चाहिए। क्या तुम अपने एक भी श्वास के मालिक हो? वह चाहे तुम्हें अंश मात्र भी आभास कराता है कि तुम कर्म करने को स्वतंत्र हो पर तुम यदि यह समझ पाओ कि इस स्वतंत्रता का उपयोग उसकी अनुभूति के लिए करना है तो वही तुम्हारे लिए लाभदायक होगा। परंतु यदि तुमने अपने आपको ही कर्ता मान लिया और भगवान को कहीं दूर मान लिया तथा इस प्रतीयमान दूरी के कारण तुम स्वयं अपनी कामनापूर्ति के लिए कार्य करते हो तब वह अनुचित कर्म है। तुम्हें सभी वस्तुओं को उसी के व्यक्त रुप में देखना चाहिये। जब तुम ईश्वर की सत्ता को पहचान जाओगे तब वे तुम्हारे सम्मुख दयालु अथवा कृपालु अथवा करुणामय, जैसी जिस समय तुम्हारा श्रद्धा होगी, उसी के अनुरुप स्वयं को प्रकट कर देंगे – जैसे कि उदाहरण के लिये, विनम्र के समक्ष वे विनम्रता के प्रभु बन जायेंगे।

"प्राण शक्ति से ही चेतन तत्व जड़ पदार्थों में व्याप्त होता है। प्रत्येक प्राणी जब तक जीवित है, तब तक श्वास लेता है, और जब श्वास थम जाता है तब वह मृत हो जाता है। प्राण के माध्यम से ही जड़ पदार्थ में चैतन्यता आती है। कामनायें तथा मन की चंचलता प्राण को दूषित करती हैं। अतः मैं तुमसे कहती हूं, नाम जप के साथ-साथ श्वास के प्रति एकाग्रता का अभ्यास करो। यदि प्राण व मन, स्थिर व एकाग्र हो जाये, तब मन उस अनन्त में विस्तारित हो जायेगा और ये सभी वस्तुयें उस सर्वग्राही एक में समाहित हो जायेगीं। यदि प्रत्येक श्वास-प्रश्वास में भगवान का स्मरण करोगे तो तुम्हारे प्राण, मन व शरीर सभी का शुद्धिकरण होगा। भगवद्स्मरण करते हुये श्वास लेने से उसकी कृपा का संकेत अवश्य मिलेगा।

"आत्मा, परमात्मा साधारण बुद्धि से परे है किन्तु वह ईश्वर निश्चित ही हमारे लिये हमारे प्राणों की भांति हमारा परिचित है। यदि व्यक्ति

अपनी ध्यान साधना में श्वास-प्रश्वास की लय का सहयोग ले तो उसकी साधना शक्ति में तीव्रता आयेगी। अतः व्यक्ति को नित्यप्रति, एकान्त में ध्यान मुद्रा में बैठकर अपने चित्त को अन्तर्मुखी करते हुये, श्वास की लय के साथ, तनाव से रहित होकर सहज जप का अभ्यास करना चाहिये। इस प्रकार दीर्घ काल तक अभ्यास करने से शरीर स्थिर तथा भगवन्नाम व श्वास एकरुप हो जायेंगे। साधक को अनुभव होगा कि वह स्वयं समस्त ब्रह्मांड को व्याप्त करने वाली उस महासत्ता का ही अंश है।"

माँ द्वारा प्रवर्तित सत्कार्य अभी भी गतिमान

उत्तर भारत में माँ के मार्गदर्शन में अनेक आश्रम स्थापित किये गये हैं। हरिद्वार के दक्षिण में स्थित कनखल में माँ की पार्थिव देह को समाधिस्थ किये जाने के पश्चात् गतिविधियों का प्रमुख केन्द्र वाराणसी के स्थान पर हरिद्वार के दक्षिण भाग में स्थित कनखल आश्रम बन गया।

माँ से सम्बंधित विभिन्न भाषाओं में साहित्य एवं विडियो सीडी इस आश्रम में उपलब्ध रहती हैं। संयम सप्ताह सहित वर्ष पर्यन्त यहाँ अन्य कार्यक्रम सतत् अयोजित किये जाते हैं। कोलकता तथा देहली जैसे बडे शहरों के आश्रमों में भव्य कीर्तन मण्डप, मन्दिर व अनेक अतिथि कक्षों का निर्माण भी किया गया है। गंगा तट पर स्थित वाराणसी के आश्रम में बालिकाओं हेतु कन्यापीठ के साथ ही आश्रम कें तत्वाधान मे विशाल धर्मार्थ चिकित्सालय भी संचालित होता है। अनेक आश्रमों का निर्माण वन्य क्षेत्रों में भी किया गया है जैसे कि एक आश्रम अलमोड़ा की तलहटी में स्थित है तथा एक और आश्रम गुजरात में भीमपुरा नामक ग्राम में बना है। यह एक सुरम्य आश्रम है जहाँ से नीचे बहती नर्मदा का दृश्य वहाँ की मनोहरता में और अधिक वृद्धि करता है।

1990 के लगभग श्री माँ के शिष्य स्वामी केदारनाथ जी ने मध्यप्रदेश में माँ के दो आश्रम स्थापित किये हैं। प्रथम इन्दौर नगर में, दूसरा नर्मदा तट पर प्राचीन, पावन तीर्थस्थल ओंकारेश्वर में। एकान्तवास तथा ध्यान साधना के इच्छुक साधकों के लिये ओंकारेश्वर का आश्रम उत्तम स्थान है। स्थानीय ग्रामीण बालक-बालिकाओं हेतु यहाँ विद्यालय भी संचालित किया जाता है। स्वामी मंगलानन्द जी की अंग्रेजी पुस्तक 'A Goddess Among Us' का लेखन कार्य ओंकारेश्वर आश्रम में ही सम्पन्न हुआ है।

स्वामी केदारनाथ जी ने हाल ही में माँ द्वारा लिखवाये गये पत्र, माँ के लिपिबद्ध वार्तालाप तथा सत्संग के अन्तर्गत हुये प्रश्नोत्तर के आदान प्रदान इत्यादि से प्राप्त माँ की समस्त अभिलेखित वाणी को *"माता आनन्दमयी वचनामृत"* नामक सात पुस्तकों की ग्रन्थमाला में संकलित करने का वृहद् कार्य सम्पूर्ण किया है। माँ के अनेक वचनों की विषयवस्तु के अनुसार उन्हें श्रेणी बद्ध करते हुये उनपर गूढ़ व्याख्या लिखकर स्वामीजी ने उन्हें और अधिक उपयोगी बना दिया है। इस कार्य के समापन के पश्चात् आपने माँ के उपदेशों से प्राप्त विषयवस्तु का विश्लेषण एवं अनुसधान कर माँ के दर्शन पर दो गूढ़ ग्रन्थों *"पूर्ण प्रज्ञप्ति दर्शन"* व *"माँ आनन्दमयी वेदान्त"* की संरचना की है। ये माँ के दार्शनिक सिद्धांतो को समझने में और अधिक सहायक सिद्ध होते है। वर्तमान में दोनों ग्रन्थ केवल हिन्दी भाषा में उपलब्ध हैं किन्तु अंग्रेजी एवं अन्य भाषाओं में अनुवाद कार्य अग्रसर है। स्वामी जी ने अंग्रेजी भाषा में "An Introduction to the Philosophy of Absolute Cognition" नामक पुस्तक की भी रचना की है।

माँ कहती हैं *"मैं तुमसे कहती हूं कि मैं बच्ची हूँ और तुम मेरे माता पिता हो। मुझे इस रूप में स्वीकार कर अपने ह्रदय में स्थान दो। 'माँ' कहने से तुम मुझे दूर कर देते हो। माँ को श्रद्धा एवं सम्मान देना पड़ता है। किन्तु बच्ची सभी को ह्रदय से प्रिय होती है, उसे प्रेम और देखभाल की आवश्यकता होती है। मेरा तुमसे एक ही अनुरोध है कि मेरे लिये अपने ह्रदय में स्थान बना लो।"*

नवीन घटनाऐं

एक ब्रहमचारिणी से वार्तालाप के अन्तर्गत उन्होंने मेरे सम्मुख उक्त घटना का उल्लेख किया था। उनके पिता माँ के अनन्य भक्त रहे तथा वे स्वयं भी बाल्यकाल से ही माँ से सम्बद्ध रहीं। एक अवसर पर माँ किसी मन्दिर में ईश-विग्रह की प्राण प्रतिष्ठा सम्पन्न करवाने हेतु आमन्त्रित थीं। विशाल जनसमूह के मध्य माँ के संग मन्दिर की ओर जाते हुए उनके पिता को माँ ने अपनी श्वेत धोती के किनारे को पकड़ रखने का आदेश दिया ताकि कि वे भीड़ में अलग न हो जायें। इसी प्रकार धोती की किनारी पकड़े हुये अनियंत्रित जनसमूह के आगे-आगे माँ के संग वे मन्दिर में प्रविष्ट हुये। प्रतिष्ठा विधि सम्पन्न हो जाने के पश्चात् जब उन्होंने पीछे मुडकर देखा तो समस्त कक्ष श्रद्धालुओं से ठसाठस भरा था, बाहर जाने का मार्ग भी पूर्णतः अवरूद्ध था। वे अभी भी माँ की धोती को दृढ़ता पूर्वक पकडे हुए थे। उनके मन में विचार उठा कि वे पुनः द्वार तक किस प्रकार पहुँचेंगे। उसी क्षण उन्हें एक शीतल बयार का स्पर्श सा अनुभूत हुआ जो उनके केश बिखेरता हुआ निकल गया। उन्हें इस अनुभूति से आश्चर्य हुआ क्योंकि मन्दिर में, विशाल जनसमूह के कारण वातावरण अत्यधिक उष्ण था। तभी उन्होंने अपने हाथों की ओर देख कर पाया कि उन्होंने माँ की धोती को नहीं पकड़ा हुआ है और माँ भी वहाँ नहीं है। दूसरे ही क्षण किसी ने पुकारा, "देखो माँ मन्दिर के

द्वार पर पहुँच गई हैं।" भीड़ के अन्त में दृष्टि डालने पर उन्होंने देखा कि, श्वेत वस्त्र धारिणी तेजोमय स्वरूपा माँ वहाँ शान्तिपूर्वक खड़ी थीं। धीरे-धीरे भीड़ को चीरते हुये अन्ततः जब वे माँ के सम्मुख पहुँचें, माँ उन्हें देख कर प्रफुल्लित हँसी हँस दी।

एक अवसर पर अप्रत्याशित शासकीय कर लागू हो जाने के परिणामस्वरूप एक परिवार अत्यधिक ऋण में डूब गया था। भुगतान की अन्तिम तिथि निकट थी। ऋण नहीं चुका पाने पर सम्भावित कारावास का भय था। परिवारजन भविष्य के प्रति हताश थे। उसी समय उनके द्वार पर एक व्यक्ति ने आकर, माँ के द्वारा आश्रम से भेजा हुआ संदेश व बैंक का ड्रॉफ्ट उन्हें सौंपा। उसने बताया कि किन्हीं भक्त ने आश्रम को विपुल मात्रा में दान दिया था। यद्यपि माँ को इस परिवार ने अपनी कठिन परिस्थिति के विषय में सूचित नहीं किया था किन्तु इनका पता देकर माँ ने वह धनराशि यहाँ पहुँचाने की आज्ञा दी। ड्राफ्ट को देखने पर पाया गया कि वह ऋण भुगतान हेतु आवश्यक धन राशि के ठीक अनुरूप था।

एक युवक से बातचीत करते समय उसने मुझे अपने पिता के संग घटित घटना का विवरण देते हुये बताया कि एक अवसर पर जब वे माँ के निकट बैठे थे तभी उन्हें एक बड़ा सा चींटा माँ की ओर जाता हुआ दिखाई दिया। उसके माँ को काट लेने की आशंका से उन्होंने आगे झुककर पूर्ण शक्ति से चीटें पर अपने हाथ का प्रहार किया, जिससे वह निर्दयता पूर्वक कुचला गया। माँ ने उन्हें इस क्रूर कार्य का कारण पूछते हुये, धीरे से उस मृत चींटे को उठाकर अपनी हथेली पर रख लिया। क्षण भर उसकी ओर अत्यन्त संवेदनशील दृष्टि डालते हुये माँ ने उसे पुनः भूमि पर रख दिया। चींटा शीघ्र ही पुनर्जीवित होकर दौड़ गया।

एक समय एक व्यक्ति ने माँ के समक्ष मन्त्र दीक्षा प्रदान करने हेतु प्रार्थना की। माँ ने उन्हें दीक्षा के पूर्व भगवन्नाम का सुनिश्चित

संख्या में लिखने का आदेश दिया तथा कहा कि नित्य नियमानुसार लिखते हुये व गणना रखते हुये सुनिश्चित संख्या पूर्ण हो जाने पर माँ उन्हें दीक्षा प्रदान करेंगी। उन्होंने नित्यप्रति पुस्तक में क्रमबद्ध रूप से लिखना प्रारम्भ किया। प्रारम्भ में वे नियमित गणना रखते रहे। किन्तु कुछ समय व्यतीत हो जाने पर उन्होने मन्त्र लेखन करते हुये गणना पूर्ण होने पर ध्यान नहीं दिया। कुछ माह पश्चात् वे वाराणसी आश्रम गये। माँ भी वहाँ पधारी हुई थीं। एक दिन प्रातःकाल वे अपना भगवन्नाम लेखन पूर्ण कर आश्रम के अन्नक्षेत्र में गये। भोजन के लिये वे जैसे ही बैठे कि माँ का संदेश प्राप्त हुआ, "शीघ्र चलिये। माँ बुला रही हैं," वे तत्काल उठ कर माँ के कक्ष की ओर गये। वहां माँ प्रसन्नचित्त इन्हीं की राह देख रही थीं। माँ ने कहा *"स्वयं को तैयार कर लो। कल तुम्हारी दीक्षा होगी।"* अत्यन्त हर्षित, किन्तु अचानक निर्मित इस स्थिति से कुछ-कुछ भ्रमित से वे अपने कक्ष में लौटे। तभी उन्हें लिखित भगवन्नाम की गणना करने का विचार आया। सभी लिखित पुस्तकों का निरीक्षण करने पर उन्होंने पाया कि संख्या पूर्ण हो चुकी थी किन्तु इसका उन्हें भान भी नही रहा था। यद्यपि गणना में उनसे चूक हो गई थी, किन्तु माँ से नही।

मेरे एक आत्मीय महान् सन्त ने मेरे समक्ष उल्लेख किया कि यद्यपि माँ के सन्निकट आने से पूर्व उन्होंने अनेक वर्ष तक कठिन योग एवं वैराग्य पूर्ण साधनाओं में व्यतीत किये थे किन्तु आनन्दातिरेक की उच्च स्थितियों की प्राप्ति के पश्चात् भी उन्हें प्रतीत हो रहा था कि अभी भी उन्हें परम लक्ष्य की प्राप्ति नहीं हुई है। माँ के सम्मुख दीक्षा प्रदान करने की विनती करने पर माँ ने समय निश्चित किया तथा उन्हें एकान्त कक्ष में ले गईं। उन्होंने बताया कि जैसे ही माँ ने द्वार बन्द किया, माँ की समस्त देह से एक मन्द प्रकाश प्रदीप्त होने लगा तथा दीक्षा की सम्पूर्ण अवधि पर्यन्त यथावत् रहा। जब वे माँ के समक्ष भूमि पर बैठ गये तब माँ उनके द्वारा की गई प्रत्येक साधना को स्पष्ट वर्णन उनके सम्मुख स्वतः करने लगीं। वे विस्मय से अवाक् रह गये लेकिन माँ तो अपनी चिर-परिचित मधुर हँसी हँस रही थीं। माँ ने तब उनसे कहा कि उन्हें

वे उनके पूर्व जन्म की साधना का एक मन्त्र प्रदान करेंगी जो इस जन्म में उनकी आध्यात्मिक उन्नति हेतु अत्यन्त सहायक होगा।

श्रीयुता गुरुप्रिया दीदी अपनी डायरी में लिखती हैं कि अनेक अवसरों पर सब के बीच रहते हुये भी माँ कुछ ऐसा कहतीं अथवा करतीं जो केवल दीदी स्वयं अथवा जिसके सुनने, देखने व अनुभव करने हेतु कहा गया है वही अनुभव कर पाता था। यह सामान्य समझ से परे हो सकता है किन्तु माँ जीवन मुक्त थीं अतः देश काल की सीमाओं से परे थीं। वे ऐसा अनेक अवसरों पर करती रहीं। एक ब्रह्मचारिणी से चर्चा करते समय उन्होंने बताया कि अपनी युवावस्था में एक अवसर पर सत्संग के पश्चात् वे माँ को प्रणाम करने कतार में खडी थीं। माँ का स्वास्थ्य उन दिनों कुछ ठीक नहीं था। अतः सेवकगण माँ को घेरकर भक्तों से माँ का स्पर्श करने का निषेध कर रहे थे। इस युवती के मन में माँ के चरणस्पर्श करने की तीव्र लालसा जागृत हुई तथा मन ही मन वह इस निषेध के विरोध में माँ से शिकायत कर रही थी। वह जैसे ही माँ के समक्ष पहुँची उसे एकाएक अनुभव हुआ मानों 'समय थम सा गया है तथा वह माँ के संग पूर्णतः एकान्त में है। यद्यपि उस स्थान पर अत्यधिक शोर था किन्तु अचानक उसके कानों में कोई शब्द सुनाई नहीं दे रहा था। उसे केवल माँ दिखाई दे रही थीं। माँ ने अपने चरण आगे बढ़ाए और युवती ने झुककर अत्यन्त प्रेम व श्रद्धा से माँ के चरण अपने माथे से लगा लिये। फिर वह जैसे ही खड़ी हुई, आसपास का शोर पुनः उसके कानों से टकराया। उसने अनुभव किया कि सेवक माँ के समीप खड़े थे किन्तु किसी ने भी उसके द्वारा माँ के चरणों का स्पर्श 'चुरा' लेने का वह अद्‌भुत क्षण नहीं देखा था।

इसी के अनुरूप एक अन्य घटना में लंदन के एक शिष्य की पत्नी को स्वप्न में माँ से मन्त्र प्राप्त हुआ। ऐसे अनुभव माँ के अनेक शिष्यों को हुये है। दीक्षा के समय प्रदान किया हुआ मन्त्र गुरु व शिष्य के मध्य गुप्त रहता है। उन महिला ने भारत में, माँ के दर्शनार्थ आने पर, स्वप्न की घटना के विषय में माँ से प्रश्न किया कि क्या वह स्वप्नानुभूति

सत्य थी? माँ ने उस अनुभव का अनुमोदन करते हुये उन महिला द्वारा स्वप्न में श्रवण किये हुये मन्त्र की पुष्टि भी की। यद्यपि उस समय वहाँ अनेक लोग उपस्थित थे तथा वे माँ से कुछ दूर भी बैठी थीं, किन्तु बाद में पूछने पर उन्हें ज्ञात हुआ कि अन्य सभी लोगों को केवल उनका बाकी वार्तालाप सुनाई दिया था। दोनों के मध्य का वास्तविक मन्त्रोच्चारण केवल माँ एवं स्वयं उन्होंने सुना था। मन्त्रोच्चारण के समय माँ का मुखमण्डल एक दिव्य ज्योति से आलोकित हो रहा था।

स्वयं मुझे भी इसी प्रकार का एक अनुभव हुआ है। एक अवसर पर मैं कानपुर (उत्तरप्रदेश) में माँ के समीप बैठा हुआ था। वहाँ मेरे अतिरिक्त लगभग सौ व्यक्ति थे। सभी बैठे हुये माँ को अपलक निहार रहे थे। मैं माँ की आसन्दी के बिल्कुल निकट था। एकाएक माँ ने झुकते हुए अपना मुखारविन्द मेरे चेहरे के ठीक सामने लाकर आँखों में झाँकते हुए, स्पष्ट एवं प्रबल शब्दों में कुछ वाक्य कहे, मानो मुझे कोई निश्चित आदेश दे रही हों। माँ बांग्ला में बोली थीं। मुझे उस भाषा का किंचित मात्रा भी ज्ञान नहीं होने से मैं माँ का एक भी शब्द नहीं समझ पाया। इस प्रकार कुछ वाक्य बोलकर माँ पुनः यथावत् बैठ गईं। मैने माँ के निकट खड़ी हुईं ब्रह्मचारिणियों से जानना चाहा कि माँ ने मुझसे क्या कहा था? वे मेरा प्रश्न सुन कर कुछ उलझन में पड़ गईं। वहाँ उपस्थित अन्य लोगों से पूछने पर मैं अचम्भित रह गया क्योंकि इतने लोंगो में से किसी ने भी माँ को मेरी ओर झुककर कुछ कहते हुये नहीं देखा था। सभी की दृष्टि में माँ सहज ही बैठी हुई अपने सम्मुख देख रही थी। माँ को झुककर बोलते हुऐ केवल मैंने देखा था। इस घटना की अनुभूति मेरे चित्तपटल पर सदा के लिये अंकित हो गयी है।

माँ के निकट सानिध्य में बाईस वर्ष पर्यन्त रहे एक वरिष्ठ विद्वान, धर्मशील शिष्य ने निम्नांकित घटनाओं का कुछ समय पूर्व मेरे समक्ष वर्णन किया है।

एक अवसर पर यह संत प्रकृति शिष्य पुणे में माँ के आश्रम जाने

हेतु अपनी धर्मपत्नी सहित सिटी बस के लिये चढ़े थे। देखा गया है कि माँ अपने सत्यनिष्ठ भक्तों की दर्शन लालसा को पूर्ण करने स्वयं उनके समीप पधार जाती थीं। और कुछ अवसरों पर तो अत्यन्त आश्चर्यजनक रूप से। बस की खिड़की से बाहर देखने पर सड़क किनारे, माँ को बिल्कुल अकेले पैदल चलते देखकर यह दम्पति विस्मित् रह गये।

माँ की इस समय की अवस्था में माँ के संग किसी सेवक का नही होना असामान्य था। कुछ क्षण पश्चात बस के थमने पर वे दोनों उतर कर शीघ्रता से, जिस दिशा में माँ को देखा था, उधर जाने लगे। चौराहे तक पहुँच जाने पर भी माँ कहीं दृष्ट नही हो रही थीं। तभी उनका ध्यान कुछ दूरी पर 'क्रिश्चियन कॉन्वेन्ट' नाम के बोर्ड की ओर गया। कोई अन्तर्निहित शक्ति मानो उन्हें इंगित कर रही थी, कि माँ वहीं गईं है। दम्पत्ति उसी विद्यालय की और चल पड़े तथा द्वार पर पहुँच कर पूछा कि क्या आनन्दमयी माँ वहां आईं थीं? उन्हें एक वरिष्ठ अध्यापक के निकट जाने पर ज्ञात हुआ हुआ कि माँ अवश्य आईं थीं किन्तु कुछ क्षण पूर्व ही वहाँ से चली गई हैं। उन्होंने आगे बताया कि माँ के पुणे आगमन के समाचार मिलने पर वे माँ के दर्शन हेतु अत्यन्त आतुर थे किन्तु उनके लिये आश्रम जाना सम्भव नही हुआ था। माँ को एकाएक द्वार में प्रविष्ट होते देख उनके आश्चर्य व हर्ष का ठिकाना नहीं रहा। माँ ने कुछ पल ठहर कर उनसे प्रेम पूर्वक बातचीत भी की। यह पूछे जाने पर कि माँ किस और गई हैं, उन्होंने कान्वेंट द्वार के निकट एक निर्धन श्रमिक परिवार की झोपड़ी की और संकेत किया।

उस दम्पत्ति ने झोपड़ी में प्रवेश करने पर देखा कि वहाँ कुछ क्षण पूर्व घटित मृत्यु के कारण भीतर का दृश्य अत्यन्त शोकपूर्ण था। परिवार के सदस्यों को माँ का वर्णन करते हुये उनके वहाँ आने संबंधित प्रश्न किया। उन्होंने बताया कि इस वर्णन के अनुरूप एक स्त्री आई थी तथा मृत्यु की घड़ी के कुछ क्षण पूर्व शय्या पर लेटे व्यक्ति के माथे पर दयापूर्ण स्पर्श करते हुये आशीर्वाद प्रदान कर वहाँ से चली गई थी। वह दम्पत्ति पुनः माँ के आश्रम की ओर चल पड़ा। उन्हें विश्वास था

कि माँ कुछ क्षण पहले ही उस स्थान से गई हैं, अतः मार्ग में उनसे भेंट संभव है। आश्रम पहुँचने पर उन्होंने वहाँ माँ के सेवकों से जानना चाहा कि माँ बाहर से वापस कब लौटीं। प्रश्नपूर्ण दृष्टि से देखते हुये उन्हें बताया गया कि माँ आश्रम में ही थीं, बाहर गईं ही नहीं। पूरे दिन वे सभी माँ की सेवा में माँ के समीप ही थे। माँ से भेंट होने पर वे सहजता से, मानो सब समझते हुए मुस्कुरा दीं।

माँ ने उन सज्जन व उनकी पत्नी को श्री विद्या (दिव्य शक्ति के प्रतीक श्री यन्त्र की ध्यान साधना) का ज्ञान प्राप्त करने का आदेश दिया। इस प्रस्ताव की सिद्धि एक अपूर्व रीति से फलीभूत हुई।

वृंदावन आश्रम में एक दिन, माँ ने इन दम्पत्ति से उस समय की नक्षत्रिय स्थिति जाननी चाही। उन्हें यह ज्ञात न होने से वे एक अत्यन्त विद्वान् दण्डी स्वामी सच्चिदानन्द को लेकर आये तथा तीनों माँ के सम्मुख बैठ गये। स्वामी जी से उस समय की निश्चित नक्षत्रिय स्थिति जान लेने पर माँ कह उठीं, *"यह अत्यन्त शुभ घड़ी है,"* फिर मौन हो गईं।

कुछ क्षण पश्चात् माँ के नेत्र उर्ध्वोन्मुख हो गये तथा तीनों प्रत्यक्षदर्शियों के विस्मय का ठिकाना नहीं रहा जब माँ की सम्पूर्ण देह रक्तवर्ण हो गई। माँ की त्वचा, केश तथा विशुद्ध श्वेत वस्त्र भी रक्तवर्णी हो गये तथा उक्त घटना की सम्पूर्ण अवधि पर्यन्त वैसे ही रहे। तत्पश्चात् माँ के मुख से परिशुद्ध मंत्र निःसृत होने लगे। स्वामी सच्चिदानन्दजी ने उन सज्जन के निकट मंद स्वर में कहा, "ये श्री विद्या के मन्त्र हैं।" कुछ क्षण वेगपूर्ण मन्त्रोच्चारण के पश्चात् माँ शांत हो गईं तथा उनका वर्ण यथावत् स्वाभाविक हो गया। उन दम्पत्ति को अगले दिन प्रातः स्वामीजी से भेंट करने का आदेश देते हुए कहा गया कि स्वामीजी उन्हें श्रीयन्त्र उपासना की विधि से प्रशिक्षित करेंगे।

अगले दिन प्रातः आश्रम के मन्दिर में भेंट करने पर स्वामीजी ने उनसे प्रश्न किया कि क्या उन्हें माँ के स्वतः स्फुरित मंत्रों में से किन्हीं

मन्त्रों का स्मरण था? श्रीयन्त्र उपासना की प्रक्रिया जटिल होने से उनका मत था कि उन्हीं मन्त्रों का निर्देशन किया जाये जो उन्हें सहज स्मरण हों। उनका उत्तर था कि सभी मन्त्र उनके निये नये होने से उन्हें एक भी मन्त्र का स्मरण नहीं था। स्वामीजी ने उन्हें स्मरण करने का प्रयास करने का आदेश दिया किन्तु दोनों ने असमर्थता के भाव से एक दूसरे की ओर देखा। एकाएक पति-पत्नी दोनों ने एक स्वर में माँ के द्वारा कहे गये सम्पूर्ण मन्त्रों का उच्चारण करना प्रारम्भ कर दिया। स्वामीजी ने मुस्कुराते हुए कहा, "यह माँ द्वारा निर्देश देने की युक्ति है कि तुम्हें सम्पूर्ण पूजा का अभ्यास करना चाहिए।"

एक अन्य अवसर पर यही दम्पत्ति माँ के निकट बैठे थे। तभी उस कक्ष में एक साधु प्रविष्ट हुये। वे आर्तस्वर में माँ के समक्ष विनती करते हुये कहने लगे कि अनेक वर्ष पर्यन्त उच्च स्तर की योग साधना के पश्चात् भी वे आध्यात्मिक प्रगति हेतु आवश्यक ध्यान की अगली स्थिति का निष्पादन करने में अपने को असमर्थ पा रहे थे। वे भारत वर्ष के तत्कालीन महानतम् योगी पाँडिचेरी के श्री अरविन्द के सम्मुख उपस्थित हुये थे किन्तु उन्होंने कहा था, "मैं तुम्हारी साधना के अभ्यास से अवगत हूँ तथा तुम्हारे द्वारा प्राप्त अवस्था से भी अवगत हूँ। अग्रसर होने की विधि भी मुझे ज्ञात है, किन्तु वह अत्यन्त उच्च अभ्यास होने से दुर्भाग्यवश में स्वंयं अथवा अन्य कोई योगी इस संबंध में तुम्हारा मार्गदर्शन नहीं कर सकता। इस समय केवल माँ आनन्दमयी तुम्हारी सहायता कर सकती हैं। अतः तुम उनके पास जाओ।"

वे साधु दक्षिण भारत से लम्बी यात्रा कर, जहाँ माँ ठहरी थीं वहाँ पहुंचे। वे बार-बार माँ से सहायता हेतु अनुनय करते रहे। किन्तु माँ कहती रहीं, *"फिर से कोशिश करो।"* वे विलाप करते हुए विनय पूर्वक कहने लगे, "माँ यदि आप मुझे अस्वीकार कर देंगी तो मेरे लिये अन्य कोई स्थान शेष नही रहेगा, तथा मेरी आध्यात्मिक प्रगति इस उच्च अवस्था पर पहुँच कर सदा के लिये थम जायेगी।" उनकी विनती सुन कर माँ कुछ पल मौन बैठी रहीं। फिर नेत्र उठाकर अकस्मात् अपने दोनों हाथों

को फैलाते हुये, मानो स्वर्ग के द्वारा खोल रही हों, उच्च स्वर में बोलीं, *"खोल दिया।"* इन शब्दों को सुनते ही वे साधु मूर्तिवत् सीधे हो गये तथा एक घण्टे तक उसी मुद्रा में निश्चल बैठे रहे। पुनः बहिर्चेतना होने पर माँ के चरणों में गिर गये व कृतज्ञता के अश्रु बहाते हुये कहने लगे "मैं माँ का वह शब्द सुनते ही गहन समाधि में प्रविष्ट हो गया था। यह मेरे सम्पूर्ण साधनामय जीवन की सर्वोत्कृष्ट अनुभूति रही थी।" उस स्थिति में उन्हें अपने प्रश्नों के सभी उत्तर भी प्राप्त हो गये थे, तथा वे अपनी अग्रिम उन्नत अवस्था में प्रस्थित कर दिये गये थे।

नोटः जैसा कि इस पुस्तक में पहले लिखा जा चुका है, माँ की कृपा, मार्गदर्शन व प्रेम के अनेकों अंतरंग क्षणों का अनुभव कर चुके, अनगिनत भक्तों द्वारा माँ की जीवनी सहस्त्रों बार लिखी जा सकती है। मैंने यहाँ कुछ ऐसी घटनाओं को सम्मिलित किया है जिनका मेरे संज्ञान में इससे पूर्व माँ के संबंध में प्रकाशित किसी भी पुस्तक में उल्लेख नहीं हुआ है। इन घटनाओं के विवरण मुझे माँ के अत्यंत समर्पित भक्तों के मुख से प्राप्त हो हुए हैं।

माँ के भक्तों के साथ जो भी बातचीत करता है, उसे ऐसी अनगिनत कहानियाँ जो इस पुस्तक में लिखी हैं वह सुनने को मिलेगी। इन में माँ की उनके प्रति चिन्ता और देखभाल का वर्णन मिलेगा। माँ आत्मज्ञान का एक चमकता आकाशदीप और भगवान के प्यार, मातृ प्रकृति का अवतार बन गयी है। दुनिया में उनकी अमर उपस्थिति संप्रदाय, धर्म और वंश की सभी बाधाओं की सीमाएं पार कर चुकी हैं। वह सभी की माँ हैं और वह सभी के लिए खुशी और सांत्वना का मार्ग हैं।

मेरे संस्मरण

सन् 1973 में मैं सर्वप्रथम माँ के सान्निध्य में आया। इसके पूर्व माँ के निकट दस वर्ष रहे एक अमेरिकन सन्यासी स्वामी निर्मलानंदजी द्वारा, अमेरिका में स्थापित माँ के आश्रम में, एक वर्ष रहते हुये मुझे माँ का जीवन वृत्तांत पढ़ने व उसका अध्ययन करने का अवसर प्राप्त हुआ। इसके फलस्वरुप माँ का दर्शन प्राप्त होने के पूर्व ही मेरे ह्रदय में माँ के प्रति श्रद्धा भाव का उदय होने लगा था।

स्वामी निर्मलानंद एवं आश्रम के तीन अन्य ब्रम्हचारियों के संग मैं भारत आया। उस समय माँ भगवान कृष्ण की लीला स्थली वृन्दावन धाम में अपने अत्यंत मनोहारी (उपवन) आश्रम में थीं। आश्रम आगमन के पश्चात्' माँ कहाँ है? पूछने पर हमें आश्रम परिसर के एकान्त वन क्षेत्र में स्थित, माँ की कुटिया ओर ले जाया गया। वहाँ बाह्य कक्ष में बैठाया, तथा कहा कि माँ सवेरे से अपने अन्तःकक्ष में समाधिस्थ हैं किन्तु उन्हें हमारे आगमन की सूचना देने का प्रयास किया जायेगा।

अनेक अवसरों पर मेरे मन में विचार उठा था कि माँ से, जिन्हें मैं देवत्व की परिपूर्ण अभिव्यक्ति मानने लगा, भेंट करने का अनुभव कैसा होगा। मेरी कल्पना में उस क्षण का चित्रण, कभी विदेशी चलचित्रों

में दर्शाये गये अत्यंत रोमांचक दृश्यों जैसा, तो कभी पुराणों में वर्णित, दिव्य रथ में बैठी, स्वर्ग से उतरी अनेक भुजाओं वाली, मुकुट धारिणी देवी के समरुप रहा। इस समय मैं केवल शान्त बैठकर उस घड़ी की प्रतीक्षा में अपने चित्त को स्थिर रखने का प्रयास कर रहा था।

कुछ क्षण पश्चात माँ अन्तःकक्ष से बाहर पधारकर हमारे सम्मुख एक छोटी आसंदी पर विराजित हो गईं। शुभ्र धवल वस्त्र धारण किये, मानों सहजता एवं सौम्यता का मूर्त रुप! वे कुछ अन्तर्भाव में थीं तथा लम्बे समय तक मौन रहीं। वे केवल प्रशान्त मुद्रा में बैठी हुई, प्रेमपूर्ण दृष्टि से सबको निहारती रहीं। मेरी प्रथम प्रतिक्रिया शान्त-श्रद्धा तथा एक अप्रत्याशित प्रगाढ़ आत्मीयता की अनुभूति थी। ऐसा प्रतीत हुआ मानो माँ मेरी कोई पूर्व परिचिता अथवा पूर्वानुभूत व्यक्तित्व है किन्तु कहाँ अथवा कैसे यह ज्ञात नहीं। मुझे कोई भव्य प्रकाश अथवा दिव्य दर्शन नहीं हुआ किन्तु मेरे ह्रदय के भीतर से एक विश्रान्ति एवं सुरक्षा की अनुभूति उदित होने लगी। ऐसा अनुभव हुआ मानों मैं अपने घर आ गया हूँ तथा अपने किसी प्रिय एवं सारे संसार में निकटतम व्यक्ति से भेंट कर रहा हुँ।

लम्बे समय तक माँ मौन रहीं। केवल प्रशान्त मुद्रा में बैठी हुई, प्रेमपूर्ण दृष्टि से सबको निहारती रहीं। मेरी प्रथम प्रतिक्रिया शान्त-श्रद्धा तथा एक अप्रत्याशित प्रगाढ़ आत्मीयता की अनुभूति थी। ऐसा प्रतीत हुआ मानो माँ मेरी कोई पूर्व परिचिता अथवा पूर्वानुभूत व्यक्तित्व हैं किन्तु मेरे ह्रदय के भीतर से एक विश्रान्ति एवं सुरक्षा की अनुभूति उदित होने लगी। ऐसा अनुभव हुआ मानों मैं अपने घर आ गया हूं तथा अपने किसी प्रिय एवं सारे संसार में निकटतम व्यक्ति से भेंट कर रहा हूँ।

लम्बे समय तक माँ, मौन मुद्रा में सीधे हमारी आँखों में झांकती रहीं। माँ से मेरा नेत्र-संपर्क होने पर मुझे अनुभव हुआ कि वह पूर्णतः एक विलक्षण एवं नवीन अनुभव था। मेरे चित्त में उदित हो रही संवेदनाओं एवं अनुभूतियों का किसी सांसारिक वस्तु से निर्माण होना असम्भव था।

अतः इन प्रतिक्रियाओं की तुलना करने तथा समझने हेतु मेरे निकट कोई पूर्व आधार नहीं था। सर्वप्रथम मैं अपनी आत्मा के प्रति सजग हुआ तथा स्वयं को एक स्थूल व्यक्तित्व के स्थान पर सूक्ष्म अस्तित्व के रुप में देखा। माँ की दृष्टि मेरे चित्त व व्यक्तित्व की समस्त परतों का भेदन करती हुई सीधी मेरे यथार्थ और आंतरिक सारभूत तत्त्व को देख रही थीं। इस दृष्टि ने स्वयं मुझे भी सहसा अपने भीतर के इस मूल तत्व के प्रति जागृत कर दिया।

मेरे अर्न्तमन की गहनता में मुझे अहसास हो रहा था कि यह कोई है जो मुझे चिरंतनता से जानता है तथा जिसका मैं अविभाज्य अंग हूं जो कभी पृथक नहीं होगा। यह अनुभूति एक ही समय में इतनी अगाध, इतनी सहज, और मेरे अस्तित्व से इतनी एकाकार थी कि उसने मुझे किसी भी प्रकार से विलग नहीं होने दिया। मुझे बोध हो गया कि यही सत्य है तथा इस संपूर्ण अनित्य जगत में केवल यही नित्य वस्तु है। उसी क्षण से मैं माँ का, और केवल माँ का हो गया !

तत्पश्चात् माँ के संग सान्निध्य का प्रत्येक क्षण एक मधुरता एवं आनन्द का अनुभव था। नित्य प्रातः काल मैं माँ को प्रणाम कर उनके चरणों में पुष्प माला अर्पण करता था। पुष्पमाला को माँ अपने शीश का स्पर्श कर मुस्कुराते हुये मेरे गले में डाल देतीं तथा मेरा प्रणाम स्वीकार कर मुझे एक विलक्षण आनन्द से भर देती थीं।

मैंने माँ से एकान्त में साक्षात्कार हेतु व्यवस्था की। उस समय मैं हिन्दी अथवा बंगाली दोनों ही भाषायें बोलने में असमर्थ था। अतः आश्रम में ही एक व्यक्ति ने माँ से वार्तालाप के भाषांतरण में मेरी सहायता की। मैंने माँ से यह निवेदन किया कि "मैं अपने आध्यात्मिक जीवन के लिये आवश्यक संपूर्ण निर्देशन की याचना लेकर आपके सम्मुख उपस्थित हुआ हूँ। मुझे मन्त्र दीक्षा तथा साधना में अग्रसर होने के लिये अधिकारी बनने का मार्गदर्शन प्रदान करें। मैं आपके निर्देशन में वैराग्यपूर्ण जीवन का निर्वहन करते हुये आत्मज्ञान

में स्थित होना चाहता हूं।" माँ ने मुझसे अपने जीवन एवं साधना से सम्बन्धित अनेक प्रश्न पूछते हुये आश्वस्त किया कि उपयुक्त समय पर सब सम्भव हो जायेगा।

इस साक्षात्कार के समय स्वामी निर्मलानन्दजी कक्ष के बाहर प्रतीक्षा कर रहे थे। तत्पश्चात् जब माँ बाहर के बरामदे में टहलने लगीं। वे माँ की ओर ध्यान पूर्वक देख रहे थे। वे मुझसे कहने लगे, "मैं माँ को अनेक वर्षों से देख रहा हूँ। इस समय माँ के नेत्रों का भाव एवं अन्य भंगिमाओं को देख कर कह सकता हूँ कि वे आज प्रातः अत्यधिक प्रसन्न हैं। माँ ने हमसे कहा है, *'समर्पित आत्माएँ ही मेरा आहार है'*, और मैं समझता हूँ कि अन्दर उस कक्ष में माँ एवं तुम्हारे बीच जो भी घटित हुआ है, उससे माँ अत्यंत प्रसन्न हैं।" यह सुनकर मैं बहुत उत्साहित एवं आश्वस्त हुआ कि यद्यपि स्वयं माँ ने मेरी दीक्षा के संबंध में निश्चित कुछ नहीं कहा था किन्तु उन्होंने मुझे स्वीकार कर लिया था। तदनन्तर मैं जब-जब इस संबंध में निवेदन करता तब माँ कहतीं, *"सही समय आयेगा।"*

मैंने पाया कि माँ को केवल निहारते रहने में भी अत्यधिक आनन्द की अनुभूति होती थी। माँ की साधारण चेष्टाओं में भी एक मर्यादा, स्वतः स्फूर्त उन्मुक्तता एवं रमणीयता झलकती थी, जो देखने वाले को अद्‌भुत हर्ष से भर देती थी। उसका वर्णन शब्दों में करना असम्भव है। आश्रम के मन्दिर में प्रत्येक संध्या सभी लोग, माँ की सन्निधि में कीर्तन व सत्संग हेतु एकत्रित होते थे। हमें ऐसा अनुभव होता मानों माँ प्रत्येक श्रद्धालु पर अपनी कृपा दृष्टि बरसा रही है, तथा हम इस सृष्टिचक्र के बंधन से मुक्त होकर, उस दुष्प्राप्य उच्चतम स्वर्गीय परिधि में प्लवन कर रहे हैं।

एक दिन संध्या कीर्तन के समय माँ छोटे-छोटे झांझ बजाते हुये, अत्यन्त शालीनता से झूम रही थीं। मैं उस स्थान से कुछ दूर बैठा था। माँ यदा-कदा मुस्कराते हुये मेरी ओर क्षणिक दृष्टिपात कर देती थीं।

वृंदावन धाम के आश्रम में बैठे हुये, मैं उस क्षणिक तिरछी चित्वन में, गोपियों व श्रीकृष्ण के मध्य दृष्टिपात् का साक्षात अनुभव कर रहा था। माँ की दृष्टि मेरे ऊपर पड़ते ही ऐसा प्रतीत होता मानो वे मेरी सम्पूर्ण अन्तरात्मा को मधुरंजित कर दे रही थी। वह मिठास इतना गहरा व सुस्पष्ट था मानों वास्तविक वस्तु हो। लेकिन दूसरी ओर वह हर्ष एवं आह्लाद इस क्षणभंगुर जगत की किसी भी वस्तु से अतुलनीय था।

एक अविस्मरणीय प्रातः काल माँ आश्रम की छत से भक्तों को दर्शन देकर भीतर अपने कक्ष में पधारने के लिये उठ रही थीं। सभी श्रद्धालुजन कुछ और समय माँ के सान्निध्य हेतु लालयित थे। माँ उनकी हृदयस्थ कामना को जान कर अपने कक्ष के बाहर द्वार के निकट कुछ क्षण ठहर गईं तथा पुनः हमसे बातचीत करने लगीं। माँ ने आध्यात्मिक जीवन तथा उसमें उपस्थित होने वाली बाधाओं के विषय में गम्भीरता से बताते हुये प्रायोगिक सलाह भी प्रदान की। जैसे-जैसे माँ बोल रही थीं, वे स्वयं और अधिक प्रेरणा से भरपूर होती जा रही थी। माँ के वचन भी और अधिक प्रभावी होते जा रहे थे। हम साँस रोके सुन रहे थे। एक स्थान पर माँ ने सशक्त शब्दों में यह कहकर सभी को स्तब्ध कर दिया कि, *"कोई भी व्यक्ति अथवा वस्तु जो तुम्हारी आध्यात्मिक प्रगति के मार्ग में आये, उसका निर्ममता से त्याग कर देना चाहिये। उसको अपने पाँव से ठोकर मार कर अलग हटा दो।"* ऐसा कहते हुये माँ को स्वयं अपने चरण से इस क्रिया को प्रदर्शित करते देख सभी आनन्दित हो गये। माँ के इन वचनों एवं क्रिया का मेरे चित्त पर इतना गहरा प्रभाव पड़ा कि मेरे समक्ष जब-जब कोई बाधा उपस्थित हुई तब-तब अनेक अवसरों पर मुझे इसी से दिशा प्राप्त हुई।

अनेक दिन व्यतीत हो जाने पर माँ ने कहला भेजा कि, अगले दिन माँ मुझे दीक्षा प्रदान करेगी। माँ ने इससे सम्बन्धित आवश्यक तैयारी तथा मेरे द्वारा ले जाने की वस्तुओं हेतु निश्चित् निर्देश भी प्रदान किये। एकाएक मुझे ध्यान आया कि अगला दिन मेरी इस देह का वास्तविक जन्म दिवस था – मेरा बीसवाँ जन्म दिवस। अनेक वर्ष पश्चात् जब

मैंने अपनी जन्म पत्रिका दिखलाई तब ज्ञात हुआ कि मेरे जीवन के प्रारम्भिक वर्ष शुक्रग्रह के प्रभाव से नकारात्मक एवं भौतिकतवादी रहे। इस चरण का अन्त मेरे बीसवें वर्ष के प्रारम्भ से हुआ। माँ की कालगणना में सब सही है ! अब मैं अपना दैहिक व आध्यात्मिक दोनों जन्म दिवस एक साथ मनाता हूँ।

माँ ने मुझे दीक्षा के समय घटित वास्तविक क्रियाकलापों को किसी के समक्ष प्रकट करने का निषेध किया था, किन्तु उस दिन प्रातः काल घटित एक घटना का उल्लेख मैं कर सकता हूँ। मेरा अनुमान था कि मेरे दीक्षा दिवस पर, ऊपर स्वर्ग से देवदूत गायन करते हुये मेरे ऊपर पुष्पवृष्टि करेंगे। किन्तु उस घटना की वास्तविकता इससे पूर्णतः विपरीत थी। मैं नियत समय पर पहुँचकर मन्दिर के पृष्ठभाग पर बैठ गया। वहां दीक्षा की तैयारी में एक पूजा वेदी स्थापित की गई थी तथा अन्य सभी व्यवस्थाएें भी हो चुकी थीं। स्वामी भास्करानंदजी ने मुझे बताया कि माँ शीघ्र ही वहां पधारने वाली है, तब तक मुझे बैठकर ध्यान करना चाहिये। मुझे लगभग दो घण्टे माँ की प्रतीक्षा करनी पड़ी। उस अवधि में मेरे अन्तःपरिमार्जन एवं शोधन की जो अनुभूति हुई वह मेरे सामर्थ्य के परे थी। सौभाग्यवशात् जो घटित हो रहा था उसे अनासक्त एवं सतर्क होकर देखने की क्षमता (माँ ने मुझे न्यूनतम मात्रा में) प्रदान की थी जिससे मैं अपनी उस अनुभूति के प्रवाह में नहीं बहा। मेरे अहम् ने मानो एक स्पष्ट आन्तरिक वाणी से मुझे पुकार-पुकार कर कहना प्रारम्भ किया। “इसी क्षण यहाँ से निकल जाओ, इससे पहले कि विलम्ब हो भागो ! अमेरिका लौट जाओ, विवाह कर लो, नौकरी धंधा कर लो, यह सब बकवास भूल जाओ।” उच्च जीवन के प्रति प्रत्येक दूषित विचार, प्रत्येक शंका, प्रत्येक प्रतिरोध मेरे मन की गहराईयों से अविश्वसनीय प्रचण्डता से प्रवाहित हो रहा था। इस प्रज्जवलंत यंत्रणा के लगभग दो घण्टे पश्चात्, (इस अवधि में मुझे स्वयं को मन्दिर से उठकर भाग जाने से रोकने के लिये वस्तुतः भूमि को पकड़ना पड़ा था) मेरा ह्रदय शान्त होने लगा और तभी माँ ने उस कक्ष में प्रवेश किया।

दीक्षा विधि के पश्चात् अपने कक्ष में लौटकर मैं ध्यान में बैठ गया। मैंने अनुभव किया कि मेरे चित्त एवं हृदय का प्रत्येक विचार प्रत्येक क्रिया वृत्ताकार संरचना में गतिमान होते हुये मेरे भीतर से प्रवाहित होकर माँ के भीतर प्रवेश कर रहे थे तथा चक्र पूर्ण करते हुये पुनः मेरे भीतर लौट रहे थे। उसी समय से मुझे इस संयोजन का अनुभव होता रहा है तथा शनैः शनैः समय के साथ इसमें निरंतर वृद्धि एवं विकास होता रहा है। मुझे अनुभव हो रहा था मानो मुझे नवजीवन प्राप्त हुआ है अतः उसी दिन फिर मैंने माँ से नवीन नामकरण हेतु निवेदन किया। माँ ने मुझे 'मातृप्रसाद' नाम प्रदान किया जिसका अर्थ है 'माता की कृपा'।

इसके पश्चात् मैं हर समय माँ के निकट रहने का प्रयास करता था। माँ जब-जब अनुमति प्रदान करतीं, मैं उनके संग विभिन्न आश्रमों की यात्रा करता तथा जब माँ, केवल अपने कुछ सेवकों को साथ लेकर एकान्त वास में पधारतीं, तब मुझे हरिद्वार में गंगा तट पर अधिकाधिक ध्यान साधना में रत रहने का आदेश देती थीं और बाद में मुझे आयोजन के समय उपस्थित रहने को कहतीं।

दीक्षा के पश्चात् माँ से एकान्त में भेंट का मेरा प्रथम अवसर असाधारण रुप से प्रारम्भ हुआ। पश्चिमी देशों के कुछ भक्तों के माँ से व्यक्तिगत भेंट हेतु निवेदन करने पर माँ ने एक निश्चित दिन संध्या समय सबको एकत्रित होने का निर्देश दिया था। हम सभी कक्ष के बाहर प्रतीक्षा कर रहे थे तथा एक-एक कर भीतर जा रहे थे। मैंने पाया कि मेरे पहले माँ से भेंट करने वाले सभी व्यक्ति माँ से अपनी महत्वाकांक्षाओं व अन्य सांसारिक विषयों की चर्चाऐं कर रहे थे: जैसे कि अपना परिवार, वैवाहिक समस्यायें, कार्यक्षेत्र में आकांक्षायें इत्यादि। वे माँ के दिये हुये उत्तरों से अत्यंत प्रसन्न भी थे। मेरे अन्दर जाने पर मैं कुछ बोलता, इससे पूर्व, माँ ने मेरी ओर कुछ झुकते हुये स्पष्ट स्वर में प्रश्न किया *"क्या तुम विवाहित हो?"* मेरा उत्तर था – "नहीं माँ" (अपना मुख मेरे बिल्कुल सामने रखते हुये) माँ का अगला प्रश्न था, *"क्या पूर्व में तुम्हारा विवाह हुआ था?"*

मैंने पुनः उत्तर दिया "नहीं माँ!" तब माँ सीधी होकर, अत्यन्त हर्षित होते हुये मुस्कुराकर बोलीं, *"अहा! ब्रह्मचारी है।"* माँ प्रत्येक व्यक्ति को उसकी आवश्यकतानुसार दिशा प्रदान करती थी, किन्तु आध्यात्मिक जीवन के प्रति समर्पित साधक की ओर माँ की यह विशेष प्राथमिकता मेरे मानस पटल पर गहरा प्रभाव छोड़ गई तथा भविष्य में जब-जब मेरे सम्मुख अपनी दिशा का चयन करने के अवसर उपस्थित हुये, यही मेरे लिये सहायक सिद्ध हुई। अनेक वर्ष पश्चात् जब मैंने अमेरिका से माँ को एक पत्र प्रेषित किया, माँ ने स्पष्ट एवं दृढ़ आदेश दिया *"वैराग्यपूर्ण जीवन का निर्वहन करो।"* इन्हीं दो घटनाओं के अनुरुप मेरा सम्पूर्ण जीवन ढल गया और इन्हीं दो घटनाओं ने मेरे सम्पूर्ण जीवन को आकार प्रदान किया।

माँ के सान्निध्य में मेरा सर्वश्रेष्ठ समय, अधिकतर लखनऊ के निकट नैमिषारण्य में व्यतीत हुआ। यह वही दिव्य स्थल है जहाँ व्यास ऋषि ने गोमती के तट पर पुराणों की रचना की थी तथा प्राचीन काल में ऋषियों का एक वृहद् समागम भी आयोजित किया था। जब मैं वहाँ माँ के निकट रहा तब वहाँ लगभग दस बारह भक्त ही थे। अतः रात्रि में हमें माँ के समीप अत्यन्त सुन्दर अन्तरंग सत्संग के सुअवसर प्राप्त होते थे। एक दिन रात्रि में माँ प्रेम पूर्वक हमारी ओर देखते हुये कहने लगीं *"अब तुम मेरा प्रतिनिधित्व करते हो अतः अपने जीवन व कार्यों के प्रति सदा सजग रहना। तुम मेरे हाथ-पांव, अंग-प्रत्यंग हो। लोगों की जैसी धारणा तुम्हारे प्रति होगी, वैसी ही मेरे प्रति होगी।"* कठिन निर्णय लेने के क्षणों में माँ का यह अद्भुत कथन मेरे मानस में अनेक अवसरों पर उदित हुआ है।

माँ के संग यात्रा करते समय एक अवसर पर मैं प्रतीक्षालय में माँ के एक-दो सेवकों के साथ माँ के समक्ष बैठा था। पूरे समय माँ अपनी दया पूर्ण दृष्टि को मेरे ऊपर केन्द्रित करते हुये मेरे हृदय को अपनी इस वात्सल्यमय कृपा चितवन से सरोबार कर रही थी। माँ यदा-कदा मेरी साधना से सम्बन्धित प्रश्न करती हुई, मुझे निर्देश भी दे रही थीं।

यद्यपि मुझे साधना की दिनचर्या व ध्यान करने का समय इत्यादि से सम्बन्धित निर्देश स्मरण रहे किन्तु उनका वास्तविक क्रियान्वयन लगभग पच्चीस वर्ष पश्चात् ओंकारेश्वर आश्रम में एकान्तवास के समय, अपनी दिनचर्या को साधना हेतु भली-भाँति व्यवस्थित करने पर विचार करते समय ही हुआ। तब मुझे माँ के शब्दों का पुनः स्मरण हुआ तथा अनुभव हुआ कि माँ मेरे सुदूर भविष्य में झाँकते हुये, उस समय प्रायोगिक निर्देश प्रदान कर रही थीं।

एक समय मैं एक ऐसी घटना का साक्षी बना जो सम्भवतः महत्वहीन प्रतीत होती हो किन्तु उसकी अपनी एक अद्‌भुत मोहकता थी। गहन रात्रि में हम कुछ लोग माँ के संग उत्तरप्रदेश के एक छोटे शहर में, प्लैटफार्म पर रेलगाड़ी की प्रतीक्षा कर रहे थे। माँ के लिये एक कुर्सी लाई गई, जिस पर माँ बैठ गईं। मैंने देखा कि उनके बिलकुल निकट एक छोटे कद की महिला अपने सामान पर बैठी थी। माँ उसकी ओर झुकते हुये उससे स्नेह पूर्वक बातचीत करने लगीं। मुझे इतना समझ में आ रहा था कि वे अपने-अपने गंतव्य, मौसम इत्यादि की चर्चा कर रही थीं। वह महिला माँ की ओर अत्यंत प्रेम व प्रसन्नता से निहार रही थी। यद्यपि उसे ज्ञात नहीं था कि माँ कौन है किन्तु उसे एक अवर्णनीय आनन्द का अनुभव हो रहा था जिसे वह स्वयं भी नहीं समझ पा रही थी। कुछ समय पश्चात् एक बह्मचारी माँ को कुछ दिखाना चाहते थे, अतः एक टार्च लाई गई तथा माँ के हाथ पर रखी हुई वस्तु पर प्रकाश डाला गया।

रात्रि के अंधकार में उस प्रकाश से माँ का मुखमण्डल भी आलोकित हो उठा, तथा मैंने देखा कि माँ के निकट बैठी हुई वह साधारण ग्रामीण महिला माँ के मुख को अवाक् श्रद्धा से निहार रही थी। मेरे मन में विचार उठा, "रेलगाड़ी की प्रतीक्षा करते हुये ईश्वर से सहज वार्तालाप करना केवल भारत में ही संभव है।"

इसी रात्रि में माँ ने मेरे समक्ष एक छोटा किन्तु व्यवहारिक चमत्कार

दर्शाया। मेरे साथ एक और अमेरिकन ब्रह्मचारी थे। माँ के संग हमारे अतिरिक्त यात्रा कर रहे अन्य सभी व्यक्तियों के रेलगाड़ी में स्थान आरक्षित थे किन्तु हमें आरक्षण प्राप्त नहीं हो पाया था। अतः हमारे समक्ष पूरी रात भीड़ भरी रेल के गलियारे में अपने सामान पर बैठे-बैठे लम्बी रात्रि व्यतीत करने की सम्भावना थी। जैसे ही रेलगाड़ी आई व रुकने से पूर्व हमारे सामने से धीरे-धीरे निकल रही थी, हमने देखा कि सभी डिब्बे खचाखच भरे हुये थे, एक भी स्थान रिक्त नहीं था। किन्तु हमने पाया कि जैसे ही रेल रुकी, हमारे ठीक सामने, भरे हुये डिब्बे में केवल ऊपर की दो सीटें खाली थीं। कोई भी यात्री उनकी और देख भी नहीं रहा था। शीघ्रता से रेल में चढ़कर हमनें उन सींटो के विषय में पूछताछ की, लेकिन किसी को उनकी जानकारी नहीं थी कि वे किसकी है। हम ऊपर चढ़कर आराम से सो गये। ऐसा प्रतीत हुआ कि स्वयं माँ ने हमारे लिये आरक्षण करवाया है।

कानपुर में महामन्त्र का चौबीस घण्टे का अखण्ड कीर्तन आयोजित किया था। झांझ व ढोल की थाप पर पँडाल के मध्य स्थित सुन्दर सुसज्जित देव प्रतिमा की प्रदक्षिणा करते हुये सभी लोग नाम संकीर्तन कर रहे थे। माँ समय-समय पर पधार कर वहाँ बैठ कर कीर्तन देख रही थीं। कुछ समय पश्चात् माँ भी कीर्तन में सम्मिलित हो गईं। हम सभी माँ को केन्द्र में रखकर नृत्य करने लगे। हमारे उत्साह व आनन्द में सहस्त्र गुना वृद्धि करते हुये, माँ अपने हाथ ऊपर उताते हुये गायन कर रही थीं। वह अत्यन्त मनोहारी दृश्य था ! एक अवसर पर, प्रातःकाल कनखल आश्रम पहुँचने पर मैंने देखा कि माँ एक अद्‌भुत खेल खेल रही थीं। माँ के हाथ पुष्पमालाओं से भरे थे तथा माँ आश्रम में उपस्थित एक-एक व्यक्ति को ढूंढ कर, उन्हें माला पहना रहीं थीं। संकोचवश सभी इसका विरोध करते हुये कह रहे थे, "माँ! आप हमें कैसे माला पहना सकती है?" किन्तु माँ अत्यंत उत्साह एवं आनन्द से सबको पहनाती जा रही थीं। जब तक माँ भीतर नहीं लौट गईं, मैं खड़ा-खड़ा कुछ देर तक इस परिहास को देखता रहा। एकाएक माँ अकेले वापस बाहर आईं व सीधे जहाँ मैं खड़ा था, वहाँ आकर मधुरता से मुस्कुराते हुये व अत्यन्त

प्रेम से मुझे एक सुन्दर पुष्प थमा दिया। मैंने वह पुष्प ग्रहण किया और कृतज्ञ भाव से माँ के चरणों में गिर पड़ा।

कनखल में नये सत्संग भवन की प्रतिष्ठा की जा रही थी। तब माँ के निकट रह रहे, हम कुछ विदेशियों को जाति के अभाव में धार्मिक कार्यों के अशुद्ध होने के भय से भीतर प्रवेश निषिद्ध था। हम उदास से होकर द्वार के बाहर खड़े-खड़े सभी गतिविधियाँ देख रहे थे। माँ अपना स्थान छोड़कर बाहर आईं तथा हमसे बातचीत करने लगीं। माँ ने हमें धार्मिक कार्यों में इन नियमों के अनुसरण का महत्व स्पष्ट किया तथा फिर सड़क की दूसरी ओर भोजनशाला में हमारे लिये विशेष रुप से बनाई जा रही पूड़ीयाँ ग्रहण करने का निर्देश दिया। हम सभी वहाँ जाकर भर पेट पूड़ीयाँ खाने के पश्चात् फिर सत्संग भवन के बाहर आकर खड़े हो गये। माँ पुनः बाहर आईं तथा हँसते हुये हमसे बातें करने लगीं। माँ पूछ रही थीं कि किसने कितनी पूड़ीयाँ खाईं? माँ अपने वात्सल्य से, लगता है, अनुष्ठान भवन के भीतर जाने से वंचित किये जाने पर सांत्वना दे रहीं थी। यद्यपि मेरा संकल्प अपना शेष जीवन भारत में ही रहने का था तथा माँ ने भी एक अवसर पर एकान्त में निश्चित रुप से ऐसा ही आर्शीवाद दिया था किन्तु मुझे यह भान नहीं था कि मेरी यह कामना अनेक वर्षों के पश्चात् ही पूर्ण हो पायेगी। अपने वीज़ा का नवीनीकरण करवाने का प्रत्येक प्रयास विफल हो जाने पर, मुझे अनुभव हो गया था कि मुझे अमेरिका लौटना होगा। माँ के संग एकान्त में मेरी अन्तिम भेंट कनखल के आश्रम में हुई थी। माँ से आगे के निर्देश-आदेश हेतु निवेदन करने पर माँ ने सहज ही उत्तर दिया था, *"मैंने निर्देश दे दिये हैं, तुम केवल उनका अनुसरण करो।"* कुछ क्षण ठहरकर माँ ने दृढ़ स्वर में कहा, *"निरन्तर ईश्वर का स्मरण करो और अनवरत जप करते रहो।"*

इस घटना के कुछ समय पश्चात् अमेरिका लौट कर मैं स्वामी निखिलानन्दजी के आश्रम में अपनी साधना करता रहा। मैं माँ के समीप लौटने को लालायित था किन्तु अपनी समस्त भौतिक सम्पत्ति का त्याग कर, अपनी सेवायें आश्रम को अर्पित कर चुकने के कारण अब मुझे आश्रम

के व्यय पर ही भारत जाने के लिये अपने नंबर की प्रतीक्षा करनी थी। प्रति वर्ष स्वामीजी अपने साथ आश्रम के एक-दो व्यक्तियों को भारत ले जाते थे। मैं क्योंकि भारत में अधिक समय व्यतीत कर चुका था अतः अन्य भक्तों को मेरे से पहले माँ से भेंट करने की वरीयता थी। सन् 1982 में समाचार आया कि माँ ने देह त्याग दी। अन्तःपीड़ा के साथ मैंने अनुभव किया कि मैं अब उस दिव्य भौतिक स्वरुप का दर्शन कभी नहीं कर पाऊंगा।

अन्ततः ऐसी परिस्थितयाँ निर्मित हुई कि जब मुझे स्थाई रुप से भारत में निवास करने का अवसर प्राप्त हुआ। तब स्वामी भास्करानन्दजी ने मुझे नर्मदा तट पर माँ के ओंकारेश्वर स्थित आश्रम में भेज दिया। माँ की कृपा से मेरी साधना व सेवा आज भी निरन्तर चल रही है। यद्यपि माँ की भौतिक देह आज इस जगत् में दृष्ट नहीं हो सकती, तथापि जो भी श्रद्धापूर्वक माँ की ओर आकृष्ट होता है, उसके हृदय में माँ की उपस्थिति 'मार्ग निर्देशक' के रुप में सदैव विद्यमान रहती है। तथा जो प्रेम से आर्त्त होकर पुकारता है उसके समक्ष माँ स्वयं को प्रकट कर देती है।

इस ग्रन्थ का स्वरुप लघु अवश्य है, किन्तु मैंने पाठकों के समक्ष आनन्दमयी माँ के दिव्य स्वरुप व जीवन लीला की किंचित झलक प्रस्तुत करने का प्रयास किया है। मुझे पूर्ण आशा है कि जो भी इस पुस्तक का अध्ययन करेगा वह किसी न किसी रुप में माँ का निरतिषय प्रेम, निर्देशन एवं कृपा प्राप्त कर उसकी अनुभूति अवश्य पाऐगा।

नोटः आनन्दमयी माँ ने दीक्षा देते हुए मुझे मातृप्रसाद का नाम दिया। काफ़ी समय बाद, मैंने नैश्थिक ब्रह्मचर्य (मठवासी प्रतिज्ञा) में जब कदम रखा तब स्वामी भास्करानंद ने मुझे मंगलानंद का नाम दिया। कुछ वर्षों बाद जब मैंने स्वामी केदारनाथ से संन्यास दीक्षा प्राप्त की, तो उन्होंने मेरा नाम मंगलानंद बरकरार रखा और मुझे स्वामी की उपाधि प्रदान की।

आनन्दमयी माँ के आश्रम

बिहार

राजगीर,
नालन्दा - 803 116.
टेलीफोन: 06112-255362

दिल्ली

कालकाजी,
नई दिल्ली - 110 019.
टेलीफोन: 011-26826813

गुजरात

भिमपुरा, चांदोड़,
वड़ोदरा - 391 105.
टेलीफोन: 02663-233208

झारखंड

भाटिया पार्क के पास,
कदमा,
जमशेदपुर - 831 005.

मेन रोड,
रांची - 834 001.
टेलीफोन: 0651-2331181

मध्य प्रदेश

बैरागढ़,
भोपाल - 462 030.
टेलीफोन: 0755-2641227

माता आनन्दमयी पीठ,
18 ए.बी. रोड,
इंदौर - 452 001.
टेलीफोन: 0731-2524265

माता आनन्दमयी तपो भुमी,
संगम परिक्रमा मार्ग,
ओंकारेश्वर - 450 554.

महाराष्ट्र

गणेश खिंड रोड,
पुणे - 411 007.
टेलीफोन: 020-25537835

ओड़िशा

स्वर्गद्वार,
पुरी - 752 001.
टेलीफोनः 06752-223258

चांदीपुर - तारापीठ,
बीरभूम - 731 233.

त्रिपुरा

पॅलेस कंपाउंड,
अगरतला - 799 001,
पश्चिम त्रिपुरा.
टेलीफोनः 0381-220-8618

उत्तर प्रदेश

पुरण मंदिर,
नैमिषारण्य,
सीतापुर - 261 402.
टेलीफोनः 05865-251369

भदैनी,
वाराणसी - 221 001.
टेलीफोनः 0542-2310054

अष्टभुजा हिल,
विन्ध्याचल,
मिर्ज़ापुर - 231 307.
टेलीफोनः 05442-252343

वृंदावन,
मथुरा - 281 121.
टेलीफोनः 0565-2442024

उत्तराखण्ड

पाताल देवी,
अल्मोड़ा - 263 602.
टेलीफोनः 05962-233120

#2, धौल - चायना,
अल्मोड़ा - 263 881.
टेलीफोनः 05962-262013

कनखल,
हरिद्वार - 249 408.
टेलीफोनः 01334-246575

हिमलोक के पास,
केदारनाथ,
चमोली - 246 445.

काली मंदिर,
उत्तरकाशी - 249 193.
टेलीफोनः 01374-224343

किशनपुर,
देहरादून - 248 009.
टेलीफोनः 0135-2734271

#2, कल्याणवन,
176 राजपुर रोड,
देहरादून - 248 009.
टेलीफोनः 0135-2734471

#3, रायपुर ऑर्डिनंस फैक्ट्री,
देहरादून - 248 010.

पश्चिम बंगाल

अगर्पारा, कमार्हती,
कोलकाता - 700 058.
टेलीफोनः 2553-1208

बांग्लादेश

14 सिद्धेश्वरी लेन,
रमना, ढाका - 17.
टेलीफोनः 0880-9356594

खेओरा,
व्हाया कस्बा,
ब्राह्मणबारीया - 554.

For photos, books and more information
about Anandamayi Ma, visit: www.anandamayi.org

The Author may be contacted on email:
matriprasad@yahoo.com

For further details, contact:
Yogi Impressions LLP
1711, Centre 1, World Trade Centre,
Cuffe Parade, Mumbai 400 005, India.

Fill in the Mailing List form on our website
and receive, via email, information on
books, authors, events and more.
Visit: www.yogiimpressions.com

Telephone: (022) 22150207, 22155036
E-mail: yogi@yogiimpressions.com

Join us on Facebook:
www.facebook.com/yogiimpressions

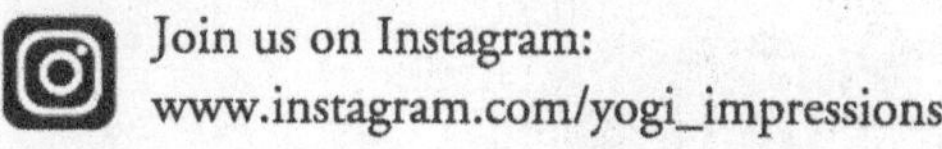
Join us on Instagram:
www.instagram.com/yogi_impressions

ALSO PUBLISHED BY YOGI IMPRESSIONS

The Sacred India Tarot

Inspired by Indian Mythology and Epics

78 cards + 4 bonus cards + 350 page handbook

The Sacred India Tarot is truly an offering from India to the world. It is the first and only Tarot deck that works solely within the parameters of sacred Indian mythology – almost the world's only living mythology today.